二十一世紀台灣要到哪裡去

李登輝 著

目錄 CONTENTS

序

面對二十一世紀的社會，大多數人並沒有因爲時代環境的進步，而生活得更加安定與快樂。相反地，每天都得遭遇各種複雜混淆的情狀，與過去二十世紀的時代實在大不相同。

當中，台灣人民面對的問題，有自己對將來失去信心，以及對社會經濟環境的失望。這兩者不僅根源於長期的心理累積，也是世界共通的現象；此外，更與台灣獨特的客觀情勢（包括政治、經濟）進一步惡化與變化有關。

回顧二十世紀末期，台灣在政經上進行結構性的變革，不斷向上超越、締造新局。寧靜革命與務實外交，打造出的「台灣經驗」，蔚爲杭亭頓第三波民主化的典範，這是所有台灣人的光榮與驕傲。現實生活裡，人民處在自由、民主的環境中，工作穩定、收入成長，甚而出現賺錢淹腳目的心理上的快樂，達成人的存在意義。

可惜，一進入二十一世紀，這些前述進步的趨勢、社會的安定以及人民的信心，很快就失去了。這種情形發生的原因何在？

二十一世紀台灣人民遭遇最困難的基本問題，就是「我是誰？」的延伸問題。我想藉摯友日本哲學家中村雄二郎博士所領導的一群二十四位哲學家發表的哲學思想，來分析目前台灣人民與社會所遭遇到的困境，及其所涉及的客觀與主觀的因素。內容將大致分為五個階段來說明：

第一，回顧二十世紀，人類的動向與台灣的情形。

第二，二十一世紀目前的資訊網路社會下，人類的生活意識。

第三，國際秩序的崩潰與美國失去領導權後，世界會變得如何？

第四及第五，就是二十一世紀初期十年，台灣人民在全球化虛擬的現實中之生活，與面對政局的不安定。

事實上，當前我們所面臨的上述這些問題與變化，我在一九九九年即將卸任總統前夕所發表的《台灣的主張》一書中，就已經有約略提到，那時我的觀察和看法是這樣的：

「我們必須藉由回顧二十世紀來展望二十一世紀。市場經濟的急遽擴大、資訊產業的興起、高齡化社會的來臨、科技的快速發展、世界多極化以及開發中國家的參與等，是各國在二十一世紀所將面對的重要課題，如果處理不當，將威脅到人類的生存發展。身處地殼變動的世界，台灣絕無法避開此一趨勢而安然度過。……而各國該採取何種具體作為建構合作體制，則繫於各國領袖的智慧。」

「從台灣的觀點來說，新台灣、新台灣人的使命及責任，是確認自我的存在與價值，進而創造出新的歷史。為達成此一目標，我們該做的事雖然很多，但最重要的，是以自由民主體制為出發點，追求科學技術、環境保護、文化建設、社會福利的落實與提昇。」

一轉眼，十年過去了。當年我所論及二十一世紀世界可能發生的變遷，與台灣勢所難免將會面臨到的問題，如今逐一上演；然而，對於政府必須積極進行的各項革新和建設，以有效因應二十一世紀變局，其成果卻是令人失望的，甚至在民主政治上出現不進反退的退潮現象。這些現況的發展，無一不令人憂心。

面對內、外在各項主、客觀條件的迅速變化，台灣究竟應該怎樣走，才能走出五里迷霧，才得以撥雲見日，是大家所共同關心的事情，也是本書關切的重點。

此外，我在二〇〇三年《台灣二十一世紀國家總目標》一書中也提及：

「一個國家的興衰，主要取決三個因素，那就是：強而有力的領導、明確的國家目標、以及內部的認同與團結。」

這三項攸關國家興衰榮枯的關鍵要素，嚴格說來，在建構上我們也付之闕如。眾所周知，一國的領導沒有方向、沒有能力，整個國家自然就會失去方向，甚至最終失去保有現存生活條件與方式的能力。這就是爲何世界各國都十分重視國家領導人領導統御能力之所在。目前台灣政府的領導統御也出了問題，進而危及國家整體的發展，如何突破此一困境，也是我們必須思考的。

在國際上，隨著美國相對國力衰退，其國際領導能力與地位逐漸式微，並受到中國崛起的挑戰。對台灣而言，從經濟的角度來看，美國是台灣第三大貿易夥伴，中國則是台灣第一大貿易對象；就政治的角度來看，美國是我傳統友好國家，中國則對我具有敵意，地緣上位處這兩個太平洋東、西兩岸大國間的台灣，未來的發展相當程度上仍難擺脫美中因素的影響與制約。因此，當前美中權力競逐將如何影響兩國關係走向，進而牽動台灣，更加不容我們忽視。一個美中對立深化與競爭白熱化的亞太，對台灣的挑戰必然是更加艱鉅。對此，我們準備好了嗎？

最後，本書得以順利完成且付梓出版，中華經濟研究院張榮豐所長、台大經濟系林向愷教授，以及辛在台先生，在過程中提供諸多協助，謹在此表達由衷的謝忱。遠流出版社王榮文董事長盡心安排出版事宜，本人亦深表感謝。最後，希望藉由這本書的出版，能激起台灣人民對二十一世紀台灣未來的方向進行嚴肅思考；同時，更衷心期盼國人團結一致，共同爲台灣的將來努力奮鬥，雖在摸索中前進，也要走出一條屬於台灣自己的道路。

李登輝

二〇一三年 春天

第一章

回顧二十世紀

整個世界在過去這一百年發生了許多重大事件，將會對二十一世紀人類的動向帶來巨大的影響。這些事件特別表現在三方面：

第一，科學、技術（特別是資訊科學與技術）的迅速發達。這個發展趨勢在一九四〇年代末期，就已經看得很清楚了。到了二十一世紀，人類已經被資訊網路包圍，無時不刻都在使用，這是一個很大的問題。

第二，以蘇聯為中心的社會主義壯大的實驗的失敗。我認爲社會主義本身就是社會的公平、正義的關係，但是共產國家利用社會主義來奪取政權，並不是眞正要解決社會問題。所以，社會主義實驗的失敗並不等於社會主義的失敗。

第三，第三世界特別是亞洲、非洲各國，開始在國際舞台登場。這些前殖民地雖然有國家之名，但實際上還受人控制。冷戰之後，美國成爲最大的霸權，用軍事力量來壓制很多國家。

資訊科學的誕生

一九四〇年代是資訊科學與技術迅速發達的時期，而其起源可說是來自以愛

因斯坦（Albert Einstein, 1879-1955）的相對論爲基礎的現代物理學的展開，愛迪生（Thomas Alva Edison, 1847-1931）、馬可尼（Guglielmo Marconi, 1874-1937）分別開發的電氣與通信技術，福特公司積極引進泰勒（Frederick Winslow Taylor, 1856-1915）的大規模標準化生產作業與管理模式。

愛因斯坦在一九一五年發表了相對論，一九二一年以「光電效應」獲得諾貝爾物理獎，但他在一九〇五年就提出「物體的質量可以度量其能量」的看法，這後來導出了 $E=mc^2$ 的公式，能量等於質量乘以光速的平方。

愛迪生在學術理論方面的貢獻遠不如愛因斯坦，但是他發明的留聲機、攝影機和鎢絲燈泡，對於二十世紀生活的影響，卻比愛因斯坦更爲立即而廣泛。義大利工程師馬可尼對於現代文明生活，也有很大的影響，他從事無線電設備的研製，在一九〇一年成功發送跨越大西洋的電報，人類的通訊從此進入新的時代。

這些發展代表了科學、技術從物質轉變成能量，力學機械轉變爲電氣設施，工人的手工轉爲大量機械生產，是具有劃時代意義的重大事項。

以這些重大事項爲基礎，進一步推動資訊科學與技術的快速發展，則出現在第二次世界大戰中期到戰後的一九五〇年代。簡單來說，即是由軍事科學、技術的需要來促進的。其中最重要的包括威納（Norbert Wiener, 1894-1964）的模控學理論，夏農（Claude Shannon, 1916-2001）的資訊通信理論和馮紐曼（John von Neumann, 1903-1957）的高速度計算機的理論與試作。

威納在一九四八年出版了《模控學》（*Cybernetics*），研究動物與機器之間的

通訊，其內容就如該書的副題所示，是有關「動物與機械的控制與通信的科學」，總合計算機科學、神經生理學、統計力學所提出的新理論。其理論的特性是，反對近代科學根據古典力學以線性因果關係的連鎖把握，他採取以目標追求爲中心，其與環境及其他目標的追求系統之互相作用，用統計、或然率的方法研

究，並積極做不同領域的類次理論模型的活用與不同學術的各項研究。他也重視反饋控制，並以此方法對認知、學習、自我組織化等問題作考察，成爲以後組織論的先驅。

夏農被視爲數位計算機理論和數位電路設計理論的創始者，他在二戰期間也爲密碼破譯和保密通訊做出貢獻。夏農開發了定量的通信理論基礎。他先設定資訊通信系統的模型，以資訊熵（information entropy）函數定義資訊量，同時，由資訊源經過通信路到受信者的經過路線，把資訊源符號化並壓縮，避免雜音的介入，可減少錯誤的或然率。所以他專門以或然率、統計的另一面，掌握情報的重點，使資訊的變換與傳送的問題，可以客觀的以工學方法處理。

馮紐曼則是電腦的創始人之一，此外，他在經濟學、量子力學、數學等領域也都有卓越的貢獻。馮紐曼率先試作了高速度計算機，提出內儲程式（stored program）的觀念，也就是計算機加入記憶設備，把要執行的程式儲存於記憶體。現在的電腦結構都是根據馮紐曼所提出的模式，包括中央處理單元（含控制單元與算術邏輯單元）、記憶體設備與輸出入設備等。

二十世紀快速發展的資訊理論與技術，是靠夏農資訊通信理論與馮紐曼的高速度計算機的理論與技術的試作。但廣義的資訊理論與技術，還包括人造衛星的發射與通信衛星的應用。此外，生物的遺傳資訊分極之分子生物學，及其八〇年代以後的基因研究也包括在內。再加上新的免疫學理論，使得生命現象能成爲學問的對象，這是非常新鮮的事情。因爲過去無法作爲科學對象的生命現象，現在能從資訊的觀點作分析研究。

社會主義的實驗

社會主義此一用語出現在十九世紀初，開始普及則是一八三〇年代以後。當時，恰好是資本主義隨著產業革命的進行，產生許多明顯弊害的時期。即是，資本家與勞工之間發生的階級分化、對立與生產無秩序等弊害。在此情況下，懷抱如何對抗並克服資本主義的使命感而登場的就是社會主義。

社會主義的直接意圖是以批判資本主義的經濟體制爲目的，但社會主義廣受大眾的眞心同情，主要理由是其尋求人存在的意義，並具有人要脫離利己主義的理想目的。此種想法，開始於聖西蒙（Henri Saint-Simon, 1760-1825）等人所謂空想的社會主義，後來由馬克斯（Karl Marx, 1818-1883）的社會主義所接受。

依據馬克斯的分析，社會主義的革命應該會發生在矛盾激烈的先進資本主義國家。但在二十世紀，革命的發生卻跟他的預測相反。在非資本主義國家——俄羅斯的革命事件，震撼全世界，並使社會主義有新的發展方向。

一九一七年三月第一次世界大戰末期，在帝政俄羅斯自然發生的勞工罷工，引起軍隊的反亂而占領國會，勞工與軍隊的代表即產生選舉制代表團（蘇維埃），因此帝政俄羅斯倒崩（二月革命）。其後，舊國會的自由主義多數派成立臨時政府，但無法應付農民的大規模反抗。臨時政府在蒙受雙方的壓力下，無法執政，最後，由列寧所領導的多數派（布爾什維克）起義發動十月革命，至此，在人類歷史上第一個社會主義政權在俄羅斯誕生，但其前途充滿許多困難。十月革命的理念在一九一八年的第三次全俄羅斯大會公佈的「勤勞而被榨取者人民的權利宣言」中，有十分清楚的說明，即強調「要掃除人對人的榨取」、「廢止社會的各階級分裂」、「對榨取者的壓力」、「加強社會主義組織化，建立在世界各國社會主義的勝利」。

列寧在俄羅斯革命所推行的思想中，特別要予以注意的重點是：

一、其將二十世紀的資本主義解釋爲獨占資本主義或帝國主義。

二、工人以自然成長的方式，無法擺脫對個己不利的狀態，需要以眞正的社會主義意識來超越。

三、與以工廠勞工爲主體的西歐社會主義不同，應加強農民爲基礎的社會主義。

列寧本身兼具柔與強、細心與大膽的雙重人格，不單推動俄羅斯的政治革命，也想推行包括文化、自由在內的人民生活條件之改善，與世界革命之戰略。這個戰略有相當的高度，也是針對當時俄羅斯的狀況不得不進行的賭注。

列寧的繼承者史達林，因能力與性格上的問題，以致在繼承列寧的政策上出現相當的困難，實際上變成惡名的「史達林主義」。剛開始，列寧對史達林相當信賴，並指定其爲繼承者，不久，發現他對俄羅斯的將來是個風險，欲罷免其書記長地位，但時機不妥無法進行，隨之列寧去世。史達林掌權後以列寧最忠實的信徒自居。在敵人的包圍下，大規模擴張工業力量及軍事力量，另一方面，在二〇年代末期採取非常措施，強制要求農民執行農業的全面集體化，形成「史達林主義體制」。俄羅斯社會主義國家之成立與強化，對世界各國產生莫大衝擊。其中最大的對抗行動，就是德國的納粹主義與義大利的法西斯。

德國希特勒所領導的納粹是國家社會主義的簡稱，明顯是要對抗標榜國際性的馬克斯、列寧型社會主義。在第一次世界大戰結束後的德國，威瑪共和國成立，執行議會政治、群眾民主主義、福利政策，但都無法帶來安定，尤其在一九二九年世界經濟大恐慌來臨時更受到嚴重打擊，生產減少、失業增加，在國民經濟困難下，內閣接連倒台。在這種情形下，希特勒所領導的納粹黨，受農民、手工業及薪水收入階層等，以中產階級爲中心的不滿分子支持而快速崛起。其支持者都反對社會主義革命與勞工運動，並不依賴大資本家與大地主，而欲以打破現狀，尋求新的權力來維持秩序與社會安定。但在當時，德國人民對納粹黨所持的立場，到底是進步或保守，是贊成革命或反對革命，都難於把握的情況下，因遭受經濟生活各項威迫，而選擇支持希特勒的領導，一時擺脫了飢餓失業的厄運。此一事實顯示人在極端的時代環境下，很難逃避眼前的救濟行爲。其後，納粹德國在第二次世界大戰中敗北而告終。

蘇聯在第二次世界大戰後，以戰勝國之一員參加戰後世界的重劃，逐次擴大對東歐各國的控制權，並成爲與美國分庭抗禮的強權。但是，一九八九年以後，東歐諸國開始反對蘇聯的支配，加強要求自由的行動，同年十一月，代表東西兩陣營的象徵——柏林圍牆——被拆除。一九九〇年三月，「蘇聯社會主義共和國聯邦」內部，開始由戈巴契夫修改憲法，並就任首位總統，推動自由化。戈巴契夫的改革政策失敗，一九九一年十一月被迫辭去總統一職，蘇聯解體，有七十年歷史的蘇聯聯邦就此走入歷史。

由此，社會主義的問題是不是就結束了呢？我想不見得，因為社會主義的理想有關社會之「個體與群體」的新關係，尚未創出，問題還存在。我們也可以試著這麼說，這並非意味著「馬克斯的」社會主義被證明絕對不可行，或許未來全球化——金融資本主義的結構惡性發展，「馬克斯的」社會主義仍有「眞正的」實驗機會。

第三世界開始在人類的歷史登場

民族問題與民族紛爭的問題，自古即有。但在近代世界，這些問題是歐美列強對第三世界的殖民地化，所引起的各地民族之抗爭。

十九世紀後半至二十世紀初期十年間之列強，由於資本主義的高度化、帝國主義化，競相進行海外殖民地之爭奪與經營的活動。

亞非殖民地化

伴隨著歐洲地理大發現而來的，是全球經濟體系在十七世紀開始形成，而美洲、非洲、亞洲在這長達數百年的時間中，淪爲被搾取人力、資源的殖民地。

但是在第一次世界大戰當中，俄羅斯革命（一九一七年）發生，帝國主義的一角開始崩潰，以及美國威爾遜總統發表十四點和平原則（一九一八年），暗示殖民地的民族自決等影響下，亞洲與非洲區域的民族自決運動受到非常大的刺激。譬如，韓國的「三一獨立運動」、中國的「五四運動」、印度的「非暴力抵抗運動」、阿富汗的「反英國抵抗運動」、埃及的「一九一九年革命」等。更進一步，以土耳其革命爲出發點的土耳其權利擁護運動，一九二〇年以後伊朗各地連續發生的打破與英國的協定，建立了革命政權等。

第二次世界大戰的爆發，再次引起大國間的武力衝突與全面戰爭。而爲了戰爭的需要，各宗主國要求進行戰鬥人員的動員與物資的調派，不斷加強對殖民地的壓榨。此外，殖民地人民更因交戰國新武器的使用，蒙受莫大災害，無不期待第二次世界大戰結束，恢復和平後，能夠進行與完成民族自決。

戰後，確實在一部分區域，達成國境界線的修改，但在大部分區域則受阻於強權間權利確保與武力外交的影響，始終無法加以解決。

非洲的獨立運動

列強對非洲的殖民地化與瓜分，在第一次世界大戰前已經完成。因此，在非洲的黑人社會已初步萌生從白人控制的政治中解放出來的思想，這同時受到在非洲大陸外的解放運動影響，頗有促進殖民地獨立的機會。

但是，一開始黑人社會因由多種民族構成，又長期受列強（英、法、德、比利時）的瓜分控制，在非洲內部難以產生深刻的自我覺醒與團結。其後，生活在歐美白人主宰社會下的黑人，意識到自己所受到的差別待遇，才開始自覺其「泛非洲」、「黑人」的身分而加強團結。代表性的例子，就是一九五七年完成獨立

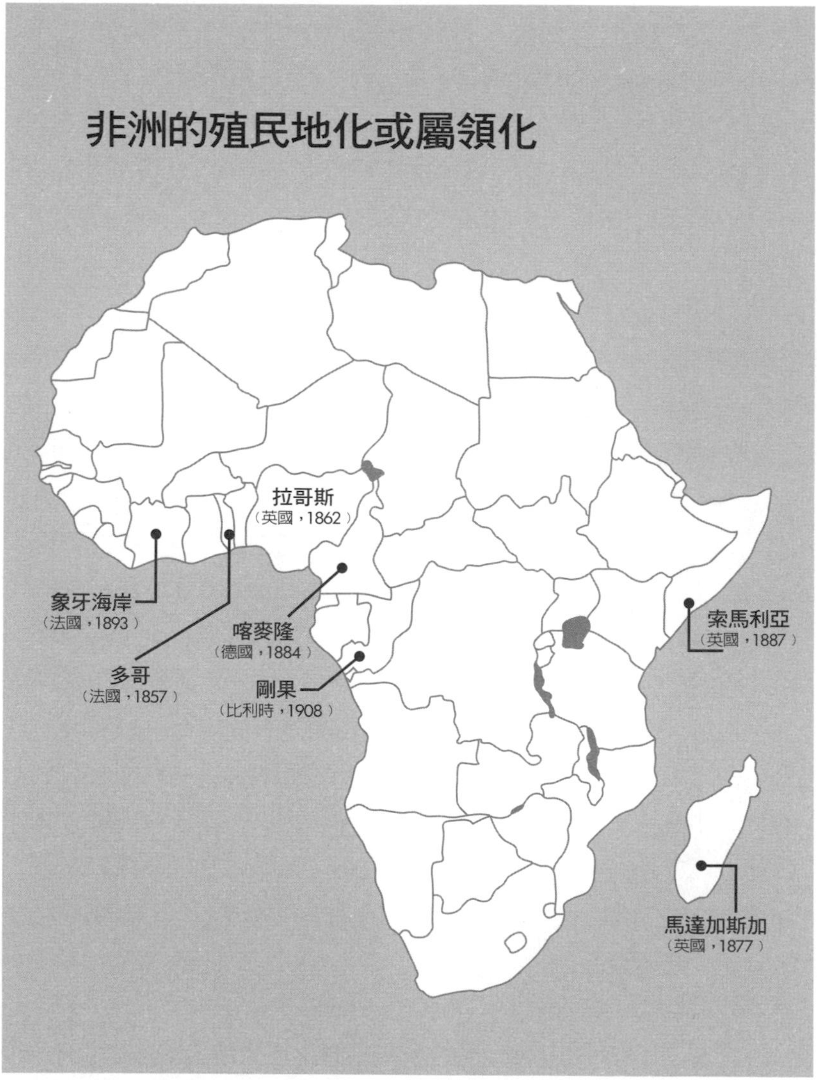
非洲的殖民地化或屬領化
拉哥斯
（英國，1862）
象牙海岸
（法國，1893）
喀麥隆
（德國，1884）
多哥
（法國，1857）
剛果
（比利時，1908）
索馬利亞
（英國，1887）
馬達加斯加
（英國，1877）

的迦納首任總統丹克爾斯，與同年就任的塞內加爾總統桑果爾。

一九六〇年被稱爲「非洲年」，因爲一年中就有十七個從殖民母國脫離出來的新獨立國家在非洲成立，一九六八年又有十五個國家獨立。非洲國家在聯合國有四十一議席，占全議席的三分之一，是一大勢力。但此後，非洲的發展並非一片坦途，可以說新舊困難紛陳，例如歷史問題、列強間爭奪資源與農產品經濟利權引起的混亂，以及執政當局政策的腐敗，爲解決這些問題，軍事政權又相繼成立。

阿拉伯世界的覺醒與動盪

阿拉伯世界在第一次世界大戰後，由歐洲列強劃分爲許多國家。對此，在阿拉伯民族的自覺下，各國對列強進行反制與抵抗，謀求建立獨立自主的國家。例如，一九三二年伊拉克從英國獨立，一九三六年埃及要求英國撤走蘇伊士運河區域以外的駐軍。又在第二次世界大戰後的一九四六年，約旦與黎巴嫩從英國的委任統治獨立，敘利亞則從法國的委任統治取得獨立。

在此情形下，一九四五年第二次世界大戰末期，阿拉伯世界以團結統一爲目標，成立了阿拉伯聯盟，以保護加盟國的獨立與主權，促進政治、經濟、社會、文化的合作關係。加盟國有埃及、伊拉克、沙烏地阿拉伯、葉門、約旦、黎巴嫩及敘利亞等七國。

在西亞地區，二十世紀中葉以後的大事，就是以色列的建國。巴勒斯坦是猶太基督教的聖地，也是伊斯蘭教聖地，並以耶路撒冷爲首都。宗教上，包含了複雜的場所。

第二次世界大戰結束時，巴勒斯坦是在英國的委任統治下。在納粹德國統治期間受迫害的猶太人，流回巴勒斯坦而與居住當地的阿拉伯人發生利害衝突，引起該地區紛擾。爲解決這些問題，英國委任聯合國解決，聯合國提出巴勒斯坦分治的決議案，把巴勒斯坦劃分爲猶太國家與阿拉伯國家。猶太方面即宣佈以色列國家的成立，阿拉伯方面則強烈反對並出兵侵攻巴勒斯坦，引起第一次中東戰爭（一九四八年），結果阿拉伯方面敗，以色列國家事實上宣告成立。阿拉伯聯盟過於軟弱，是導致阿拉伯方面戰敗的原因，在反省之後，新的阿拉伯世界統一運動再度展開。首先，由納瑟將軍發動埃及革命（一九五二年）。他在一九五六年宣佈蘇伊士運河的國有化，而引起第二次中東戰爭並獲得勝利。在東西方的冷戰態勢下，他成爲第三世界的領導者。一九五八年，伊拉克也跟隨埃及的方式，推倒王政，成立共和國。但納瑟的威信因第三次中東戰爭（一九六七年）失敗而下挫，同時，第三次中東戰爭，也使得巴勒斯坦問題面臨新的局勢，巴勒斯坦人認爲阿拉伯各國皆不可靠，必須由自己來解決問題的想法與日俱增。而以色列與阿拉伯國家的對立引起黎巴嫩內戰，使阿拉伯世界的政局更加紛亂。在此情形下，採取近代化路線的伊朗王政，因政治、經濟腐敗，伊斯蘭原理主義的立場被何梅尼糾正並顛覆，發生了伊斯蘭革命（一九七九年）。

同年，蘇聯軍隊入侵阿富汗。伊朗與伊拉克戰爭（一九八〇—一九八八年），伊拉克入侵科威特（一九九〇年）。波斯灣地區連續發生戰爭，與國家爲爭取並確保石油資源有關，同時也涉及宗教大義，使得問題變得更加複雜。

亞洲各國的動向

觀察亞洲地區的情形，首先，就東南亞地區來看，第一次世界大戰後高揚的

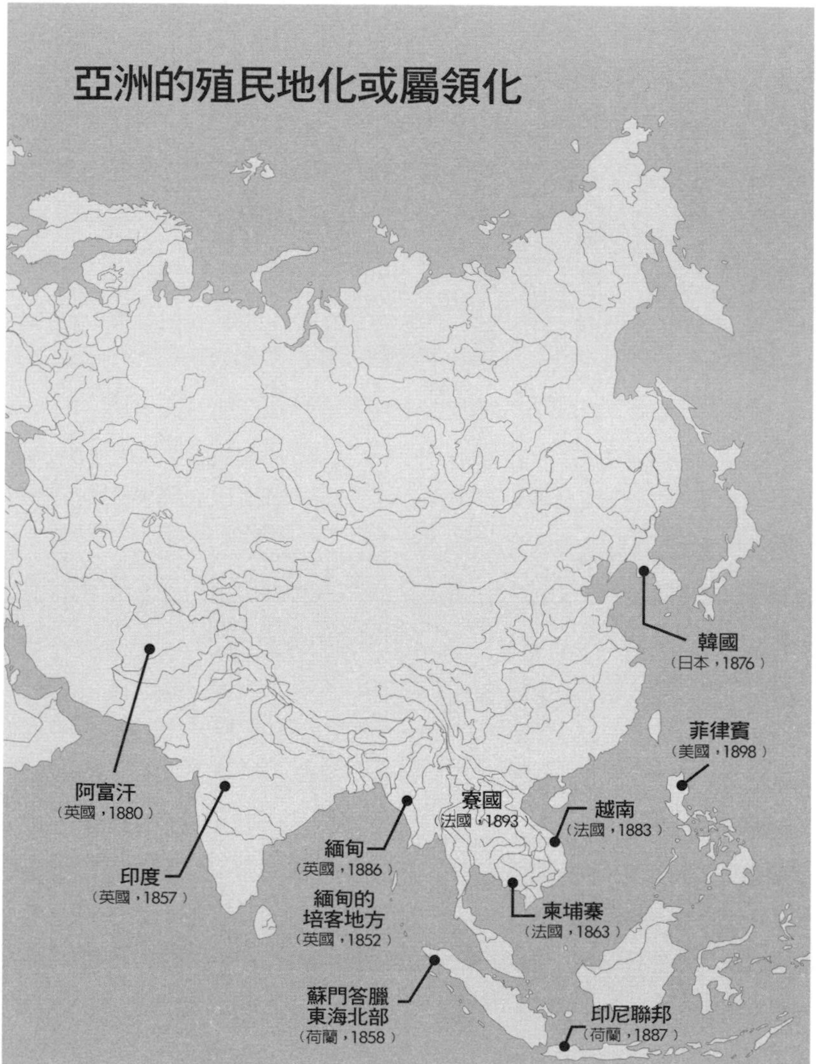
亞洲的殖民地化或屬領化
韓國
（日本，1876）
菲律賓
（美國，1898）
阿富汗
（英國，1880）
寮國
（法國，1893）
越南
（法國，1883）
緬甸
（英國，1886）
印度
（英國，1857）
緬甸的
培客地方
（英國，1852）
柬埔寨
（法國，1863）
蘇門答臘
東海北部
（荷蘭，1858）
印尼聯邦
（荷蘭，1887）

民族運動，到一九二九年世界經濟大恐慌後進入低潮。受到經濟大恐慌嚴重打擊的列強，對此區域展開資源與市場的激烈爭奪戰。印尼在荷蘭、越南在法國的控制下，民族獨立運動備受壓抑。另一方面，美國支配下的菲律賓爲避免與宗主國發生衝突，轉變而採取爲美國自治領的方式。第二次世界大戰結束後，日本戰敗，印尼、越南等東南亞各國開始進行獨立的活動。但其前途無法樂觀，六〇至八〇年，此區域普遍受戰亂、示威影響及強權政治所左右。

六〇至七〇年代第三世界的苦鬥中，最爲慘烈的就是越南戰爭。美國深恐亞洲各國受共產主義骨牌效應波及，依恃自身軍事力量，對越南加以制裁，想要斷絕禍根。不料，其持續動員國家力量，以及原子彈以外所有具殺傷力的破壞性武器，越南自始至終都不肯屈服，並以游擊戰方式對付美國最新武器，最後迫使美軍不得不從越南撤退。

越戰對世界的影響非常大，尤其是對當事者的美國。在國內由於戰爭死傷激增、新式兵器不斷耗損、大量破壞與殘虐行爲曝光，引起軍隊與社會的厭戰氣氛，人民深感挫折，進而掀起大規模的反戰運動。也因此，引起美國型世界秩序的崩壞與衰退。

在十九世紀，中國清朝國力傾頽，鴉片戰爭（一八四〇年）、亞羅號事件（一八五六年）、瑷琿條約（一八五八年）、北京條約（一八六〇年）、日清戰爭（一八九四年）等事件，任由英國、俄羅斯、法國及日本奪取各項利益，甘受「睡獅」的惡名。中國開始覺醒是孫文倡導三民主義，並推動辛亥革命的結果。一九一二年孫文就任中華民國臨時大總統，其所標榜的思想以及精神，成爲國民黨的基礎，也決定了新中國——中華民國——的方向。第一次世界大戰後，孫文謀「聯俄容共」，宣佈國共合作（一九二四年）。不久國共合作失敗，兩黨發生內戰並延續至第二次世界大戰，最後毛澤東所領導的共產黨取得勝利。一九四九年十月，中華人民共和國在北京成立。這是鴉片戰爭後，與英國締結南京條約以來，剛逾一百年。

一九五〇年代中，蘇聯在史達林死後，因摸索路線變更而陷於混亂時，另一個社會主義大國——中國，則正在進行現實的經濟建設，著手實行第一個五年計畫。但由於急速的農業、手工業集團化，以及第二個五年計畫的大躍進與自力更生的急進做法，最後招來破產的結果。文化大革命（一九六六年）在造反有理的號召下，引起社會的動亂不安，一九七六年，毛澤東死後，華國鋒確認四項現代化（農業、工業、國防、科學技術），文化大革命宣告結束。

由漸進主義的立場出發之實權派鄧小平雖然兩度失勢，但於一九七七年「三起」復出政壇，並推行社會主義市場經濟。從社會主義與市場經濟的觀點來看，此一政策在概念上有矛盾之處，但這個動向表示中國社會主義實驗，已進入新的階段。

台灣命運的轉折

台灣自十七世紀荷蘭統治以來，便充分顯現出海洋文化的特性，與中國大陸傳統的大陸性格大異其趣，到了清末劉銘傳主政下的近代化運動，隨後台灣歷經日本五十年統治，政治、經濟、交通、教育、醫療設施及人民生活習慣，達到現代化的程度。

一九四五年八月十五日，日本向盟軍宣佈無條件投降，盟軍最高統帥麥克阿瑟將軍發佈「第一號命令」，授權中國戰區最高統帥蔣介石接受在台日軍的投降，蔣介石派何應欽，何應欽再指派陳儀接管台灣。第二次世界大戰結束後，第三世界大部分的殖民地，雖然受到各種困擾，最後全部得到獨立地位。台灣係五十年的日本殖民地，戰後卻無法獲得獨立的機會，在麥克阿瑟總部的命令下，派蔣介石總司令軍事占領統治。

中國來台統治不久，一九四七年發生了全島性的二二八事件，我稱其爲「文明的衝突」。總之，這事件給台灣人民帶來苦難，也造成社會集體心靈的創傷，並使得台灣獨立意識滋萌。隨著中國國民黨內戰失敗，撤退來台並加強統治基盤，集中一切資源作爲反攻大陸基地。其後，動員戡亂體制的建立，公佈戒嚴令，黨禁、報禁等嚴厲措施，使得白色恐怖得以貫徹。

一九五〇年由於韓戰爆發，美國轉而重視台灣的戰略價值，一九五一年開始對台灣提供各項經濟援助。在美國協助下，台灣成立經濟安定委員會，展開第一個四年經濟計畫。繼而，進口替代產業轉向勞力密集的外貿導向經濟，工業產值超過農業產值，台灣社會也逐漸由農業社會邁向工業社會。

蔣經國宣佈全力推動十大建設（一九七四年），這都是台灣經濟的新方向，工資水準持續增加，勞動條件需要改善的狀況下，技術資本密集產業相應發展。蔣經國的民主改革，其特色可以一九八六年作爲重要指標：（一）宣佈蔣家人

「不能也不會」競選總統；（二）國民黨中央通過解除「戒嚴」；（三）開放黨禁；（四）開放報禁。

一九八八年一月十三日蔣經國總統病逝，由登輝繼任總統後，首先最大的一項政治工程即解決所謂「萬年國會」的問題，以及修憲（包含總統由人民直選等）。內部的改造則包括精省與廢除國民大會。

二〇〇〇年三月十八日民進黨陳水扁當選總統，台灣進行了史無前例的政黨輪替與政權的和平轉移。

第二章

科學、技術、文明的產品

在回顧二十世紀的時候，我們知道有三件大事對人類的動向影響至鉅。其中，最重要的就是科技的迅速發達，特別是資訊科學與技術的累積和運用，其結果促成二十一世紀資訊網路社會的出現，從而深刻改變和影響人類的生命與生活。

人類文明第四階段——資訊網路社會

從人類文明的歷史來看，資訊網路社會占有什麼樣的地位？人類文明的發展大約可依序歸納爲三個階段：（一）自然社會；（二）農業社會；（三）工業社會。其後，進入到所謂後工業化社會或資訊化社會，但這些都是過渡性的講法。二十一世紀的顯著特徵之一就是資訊網路社會的勃興與發達，形成足以與前述三階段文明相提並論的發展階段。

前面這三個階段，自然社會在考古學來看，大約是石器時代。由於自然社會發現大量生產穀物的方法，即經過農業革命後，大約自西元前四〇〇〇年逐次轉移至第二階段的農業社會。經過一段長期的推進後，動力機械的發明及應用帶來產業革命的機械製大工業。十八世紀以來，第三階段的工業社會迅速發展，一直持續到二十世紀後半葉，而資訊化社會只是它的一部分而已。

然而，一九七〇年代末期，經過超大規模積體電路的開發，以及光纖大量傳輸功能試驗的成功，到了托弗勒（Alvin Toffler）的《第三波》出版，及各種個人電腦、新媒體、衛星通訊實用化的八〇年代，社會已不僅只是屬於工業社會所指涉的資訊化社會，顯然新的資訊網路社會已經開始出現。

資訊網路社會所代表的資訊機械與工業社會所代表的力學機械，兩者完全不同。這說明資訊網路社會是一個獨立的時代。它也代表對人腦機能不斷進行特殊化、體外化（外部化）的歷史進程。從生理學來看，大腦的機能可分爲二，一爲屬於系統發生的、舊層的大腦周緣系統的機能，另一爲新層的連合性皮質系統的機能。前者決定本能與情調，後者關係倫理思考與意志決定。按此方法區分，自然社會是前者的活動優位的社會，農業社會則是兩者的機能活動兩相平衡的社會，而工業社會則是後者的活動壓倒前者運作的社會。

在工業社會初始，大腦的連合性皮質系統的活動尚未體外化，可說是全部都還在大腦內部作用。其後，隨著電子理論與技術的發展，電腦機器與電子計算機應運而生，這代表了連合性皮質系統一部分體外化活動的過程，不過此時尚處在初期發展階段。直至資訊網路社會，連合性皮質系統的活動趨向高級化，能夠進行有系統、有制度的體外化運作。隨之而來，人的社會生活以及大腦周緣系統機能的活動，皆深受此一體外化與資訊機械高度發展所影響，呈現出多樣化與新的可能發展風貌。

進一步觀察資訊網路社會的發展，人與資訊機械的共生關係，使得大腦周緣系統皮質的活動與連合性皮質系統的活動——換句話說，宗教、藝術與科學，神祕主義與合理主義——有創出新統合的可能性。在此情形下，人能在家中與世界上任何一個角落的人，透過自動翻譯的電視電話通訊。未來，甚至是經由電子科學做腦與腦的聯絡互動，也不無可能。此外，在資訊網路社會，個人體力的強弱將變得不重要，自然身體障礙者與高齡者的障礙都會大幅減少。而此一發展雖會經過各種迂迴曲折，但卻是十分可能的。

自律的主體價值

人活在資訊網路社會中，究竟需要具有什麼樣的基本價值？

由系統化的資訊處理技術形成高度發展階段的通訊網路社會，其特性就是個人有機會將資訊開放給他人、社會與世界。同時，自己的選擇自由也變得非常大。不過，實際上不見得人人都能充分利用或享有此種可能性。相反的，所有的系統在一種制度的惰性化下，有可能反而限制了人。在此情形下，最重要的就是自己不受氾濫的資訊所惑，同時，要確立自己是一個具有決定能力的行爲個體。此種自己就不是不含無意識的去意識自己，而是一個具有身體性（實踐能力）的自律主體。

而且，這樣的自己因爲仍在實體的生態系統中生存，因此不能只重視在通訊系統與網路中的身分，仍須關注環境。也就是說，個人要在網路中求生存，但是對大自然與環境也有加以保護的必要。

此外，須保持警覺的是，資訊網路的使用方法具有可操控性，因此可能出現掌權者對特定資訊的封鎖或傳遞假訊息。例如，獨裁者或具有政治野心的煽動家，不用傳統的壓迫手段，而改以操縱資訊的方式形塑相同的意見與政治情感，來達成特定的政治目的。是以，在高度的資訊網路社會中，實有必要培養一種更懂得尊重個人立場與看法的公民性格，並強化獨立思考判斷的能力。就個人而言，則須有不隨波逐流、不輕易與其他人和周圍的人同化的自覺意識。

實體與虛擬並存的二元社會

資訊網路社會成熟時，個人與公司、地方社會的關係，也會發生變化。人的活動空間、區域不受制約，行動自由有擴大的機會。因之，人的智慧行動範圍也會擴大，跨越志工等小團體以及自己的公司、區域，而與其他公司、區域社會都能發生關係。人的行動範圍與自由能擴大是好事，不過，個人還是需要有自己的根據點或場所，才能得到確定的存在。就此來說，家庭可能是個人最有力的根據點，但也會受到所獲得資訊的影響，出現變形的可能。

關於此點，可試著從人類文明史階段的觀點來加以考察。在自然社會，其社會組織是由家族與血緣共同體組成。到了農業社會，出現古代國家，血緣共同體變爲區域共同體，家族、區域共同體、古代國家三者構成社會組織。就工業社會來看，前段的區域共同體變爲職業性共同體，古代國家變爲國民國家。家族、職業共同體、國民國家三者成立了另一種社會組織。資訊網路社會進一步發展存在時，其社會組織也可能會發生轉變。從世界的歷史進程來觀察，國民國家或主權國家，其封閉性與絕對性將大受衛星科技、網路高度流通的資訊所影響，有被大幅打破的可能。這可由二十世紀八〇年代發生的歷史性事件得到印證，例如東西柏林圍牆的倒塌、中國的天安門事件，以及波灣戰爭的實況，就是透過國際衛星放送而傳播到全世界。又如，二十一世紀初期，美國的雷曼兄弟銀行倒閉（二〇〇八年），以及歐盟的債務危機（二〇一〇年迄今未決），影響全世界各國的民生經濟，也是同一道理。

國民國家或主權國家不會因資訊網路的衝擊而消失，但長期來看可預見一個趨勢，即國境的消失以及主權的絕對性將會弱化或形式化。同時，在聯合國組織下的各種調解活動的專門機構（例如世界衛生組織、國際原子能總署、國際民航組織、世界氣象組織、世界貿易組織等），可能會取代其相對功能。

資訊網路社會發展成熟時，家庭、職業共同體的公司、國民國家都會受到衝擊而產生變化，可能成爲「非實體」的存在，由具機能性的虛擬組織——網路——來代替。此時，有自立能力、魅力的個人之活動將受重視。企業、職業團體會成爲積極培養這種人才的場所。

如前所述，二十一世紀可能是人與資訊機械共生的時代。尤其值得關注的是，資訊機械，特別是通訊網路，不再是人體之外的東西。外部化的腦體（資訊網路）與人的頭腦活動互相交叉、浸透，結果人與機械都會變質。

簡單說，機械的活動是肉體的延伸，能做出許多東西，但力學機械做出的物品與資訊機械做出的資訊有程度上的不同。在後者，其所做出資訊的能力與語言能力有顯著的相近和相關。這表示，從資訊處理技術長期與社會應用的關係來加以考察，將會發現彼此間具有特別的意義。而這裡所謂的語言，並不是單獨的表示性記號作用而已，語言中保存了無意識與身體性（實踐的能力）會影響人的活動基礎的判斷力、志向性與感受性之要素。

人工智慧的將來

今日，最具代表性的科學與技術文明的產品，大家都不會否認是電腦科技。前面所討論的資訊網路社會，也是以電腦爲中心的電子學及其技術的發展爲基礎而形成的。談到電腦科技，其中最能實現人的夢想的具體代表就是人工智慧。代理人的智慧能做出更進一步的機械，這就是人類的夢。人類的夢能否得到實現？如果沒有獲得實現，問題出在哪裡？能否解決問題並超越其障礙？這不但是科學與技術的問題，也是人的智慧活動，更是「人是什麼？」的問題。這兩個問題都跟人的特殊的語言活動有密切的關係。

由「計算的機械」到「思考的機械」

以計算機爲基礎的電腦，本來是幫助人計算的機械；後來，被認爲可以幫助人思考和做決定，並以人工智慧做爲目標。如何把計算與思考結合，使計算機變爲思考機械的可能性在哪裡？需要進一步的分析。

第一章提及，以力學機械開始的計算機，變爲電子計算機的過程：先有電子學的發展、有演算與控制的中央處理設施、記憶設備爲本體的機械存在，還有演算所用的數字與數學進行革新的必要。傳統的演算所用的十進法，改良爲要以電器開關的ON／OFF（〇或一）爲基礎的二進法。演算速度產生高速的變化，展開世界的新局面。電子計算機的活動，完全以數字計算爲基礎，得到高度的應用。

這種數位電腦獲得廣泛運用後，就開始進行以人工智慧爲目標的努力。但仍有幾項困難有待克服，其中之一就是如何處理自然語言的問題。語言本來就是一種理性的機制，與論理有密切的關係，故容易與演算、計算結合。但人的自然語言在各種情況下會衍生不同的意思，這是數學式的線性演算處理所無法應付的問題。爲解決此一問題，而有站在「笛卡兒語言學」的立場所發展出來的喬姆斯基（Avram Noam Chomsky）「變形生成文法」理論（Transformational-Generative Grammar）的產生。這是從一九五〇年代末期爲開展電腦所推動的進化過程。此外，夏農也研究棋藝程式，美國達特茅斯學院（Dartmouth College）的一批研究者，在人工智慧的名義下也開始著手研究「會思考的機械」。故喬姆斯基的變形生成文法理論，對電腦由「計算的機械」轉變爲「思考的機械」，其重要性不言可喻。

喬姆斯基認爲，人的行動具有豐富的多樣性，並具備充分應付各種新狀況的能力，而這些特質也都包含在語言使用所具有的創造性中。他把此種創造性的機制加以程式化，並將自然語言區分爲名詞句與動詞句，只要掌握其間關連的深層結構，就可以創造出新的語句，這就是喬姆斯基所謂的「變形生成文法」理論。此一理論對語言的理解不是從表層的結構，而是從根底的深層結構去進行。而實際上，人與人彼此間通過語言相互了解，並能在不同的語言間進行轉換、翻譯，也是由此深層結構運作的結果。

此種深層結構，可說是人的思考理論的原型。但這與平常所謂自然語言的深層「詩的、象徵的」是不同的兩件事。因此，由自然語言去思考數學的邏輯語言，深層結構無異提供了參考指標。據此，李維史托（Claude Lévi-Strauss, 1908-2009）學派的「結構主義」語言論大量被採用，而自然語言的結構研究也風行一時。

進入七〇年代，在對電腦程式自然語言的理解、認知、表現等問題上，有積極的研究。八〇年代，人工智慧的應用在醫療的診斷、建築的設計等各種專門領域，出現了具有高度問題解決能力的專家群。此專家群的成立，對電腦科學帶來重大貢獻，但也同時遇到一個難題。

第五世代電腦──非線性思考模式

這個難題就是，由數學演算處理資訊的電腦與馮紐曼型的電腦，無法處理人所能做的事情。也就是說，對於周圍狀況的變化，人能應付自如，處理起來不會有困難，但具備高機能的電腦卻沒有辦法應付這些狀況。專家爲了解決此一問題乃積極進行研究，而有佛禮莫理論（Frame Theory）與斯克利圖理論（Script Theory）的出現。兩者共同之處在於，針對所要預測的狀況，就其架構以及事情發生的經過先加以程式化，並在此範圍內做出適當的判斷。此外，也發現了數位式電腦的線性模式有問題，必須要推動並列化、分散化來加以突破，力求電腦的革新與兌變──這就是第五代電腦的開發。

第一世代是眞空管、第二世代是電晶體、第三世代是積體電路（ＩＣ）、第四世代就是超大型積體電路（VLSI），第五代的意義，則表示要超越前四代的電腦。一九八二年四月在日本成立「新世代電腦技術開發機構」時，所宣示的目標就是要求具有如同人的智慧的電腦，具體地說，就是要研發一部能代人行合理的意識決定與問題解決的「人工智慧」電腦。這些目標皆有其意義。就其研究成果來看，技術上則有非馮紐曼型機械（並列推論機械）的建立。所謂非馮紐曼型（並列推論機械）指的是，就程式所寫的機械語言命令不逐次處理，而以多項知識命題做論理的集合與並列的推論再做出回答的機械。如此對資訊處理採取並列分散的方式，進行非線性動態的活用，對提升學習自我組織化的能力也有很大的助益。

由上可知，電腦是從腦的一部分活動中得到暗示所做的工學技能模型，並無人腦操作自然語言的能力。而在這種人與資訊機械共生的關係中，如何掌握與感受人眞正且具有意義的存在，則宗教、藝術與科學，神祕主義與合理主義有眞正統合的必要。

人類的意識生活與科學、藝術、宗教問題

資訊網路社會，在二十一世紀的今日，已經完全控制人類的生活。透過電視、新聞、通訊及電腦等人工機器所發出來的信號，雖然是虛假的，但與現實的信號相符應，由此構成了前述人與資訊機械的共生關係。可以說，二十一世紀是一個眞假並存的時代。

科學的知與內層的知，構成人類的意識生活

在二十一世紀的資訊網路社會，只談新的電子媒體是不足的，還需要認識一個重要的事實，那就是資訊的來源是以人類大腦新皮質的機能爲核心。人類能預測未來並計畫方案，做出合理的決定，是因有大腦的關係。這種人類的意識生活，係由各種知的存在所維持。簡單說，能分爲科學的知與內層的知兩類。

科學的知，是指表面意識的構造所帶來的世界認識，包括了（一）普遍主義；（二）論理主義；（三）客觀主義。這對物質的了解是有效的，但卻無法了

解人存在的意義，即（一）人如何能存在？（二）個人與世界的根本關係是什麼？（三）生命的根源是什麼？

科學的知已經普遍傳遞，其以爲對人的存在問題也有辦法解決，但事實上並非如此，反而是資訊網路社會現在完全控制人類的生活，致使人失去了自己與世界存在的意義。

內部的知，則是指人類深層的意識，尤其跟藝術、宗教體驗的過程有一致性，即（一）宇宙論的觀點。各場所、空間都是一個有機性的秩序與意義的存在；（二）象徵的觀點。所有的事物不是單面的，都是多面的意義；（三）行動的觀點。人類都以身體做行動，受到包含自己與對象在內的環境影響而作出行動反應。

藝術、宗教有存在的可能性，是因爲科學的知對世界問題的理解，唯一能做出正確解答者僅限於物質，其並無法企及存在的深處，因此人有認識藝術、宗教的必要。

致力將無形的意識形體化為藝術

人類本身的存在以及世界的存在都需要深入的探討，並與世界豐富的多樣性和諧一致，這是藝術、宗教存在的意義。但不能忘記，人類所追求的藝術、宗教不僅是既存體系，我們也能重新加以創造。二十一世紀是新宇宙的創造時代，但並不需要一個高度制度化發達的藝術、宗教，而是要一個回歸我們心內的原始風景，把它再生的藝術、宗教。簡單說，要超越日常世界，但並不是反世界或退回過去的思考，而是要探求存在的根據，並以此作爲據點，超越現實的日常生活。

就藝術而言，西班牙哲學家加塞特（José Ortega y Gasset）曾指出：「一個社會若無文化與精神上的昇華，則無法培養創造的技術，亦談不到經濟的發展。」回顧九〇年代，當時台灣經過長期的經濟發展，使得社會大眾的經濟有了相當的基礎，再加上政治改革，給大家有機會，更自由的追求個人的希望；但是，只有發展經濟、改革政治是不夠的，因爲人民的生活品質並未能連帶提升。台灣應該要促進文化建設，以此進一步推動國家社會「質」的發展。簡單地說，就是當時人的心已產生了很大的變化，希望更安定、更豐富的生活，在這種情況下，助長了金錢物質的追求風尚，甚至爲達目的而不擇手段。因此，我認爲台灣必須要在文化上有更新的想法，才能夠有更好的發展和再創造的契機，所以在總統任內積極推展各項文化建設。

我曾經到苗栗三義木雕博物館參觀，並和二十多位木雕師座談，也鼓勵他們去思考一個問題，那就是——如何將無形的意識努力形體化爲藝術。一如雕塑家前輩楊英風、朱銘窮究一生的努力。換句話說，木雕本身是一個形體，一個有形的東西，而心所想的東西要如何變成具體的形體呈現出來，像朱銘的「太極系列」雕刻，這絕不是過去刻龍、刻虎、刻石獅就可以。如果只重外在形式的表現，而缺乏心靈的內蘊，這並非眞正的藝術與文化。舉凡音樂、繪畫、電影、雕塑、建築，一件偉大的藝術作品，它能促成心的改變與進步。這就是藝術與文化撼動人心的力量。

簡單地說，藝術追求的是不斷超越，而唯有回歸內心深層的知，才能達到超越藝術外在形式的更新境界，而它既能涵養個人的心靈，也能引領一個時代精神文明的進步。

總之，台灣應該要有台灣的思想、台灣的藝術，努力深耕與開拓台灣的文化，才能走出自己的道路。因此，台灣不要只是談政治和經濟，藝術也很重要。

肯定自己並確認「自己是誰」，追求有意義的人生

二十一世紀的社會，是一個人類被未曾有的資訊網路所包圍的社會。人突然進入一個龐大繁複的社會，結果陷入一種不知道自己爲什麼而活的困境。

現代的社會給個人套上各種制約，告訴人們說，「你要這樣做才行，什麼該是這樣才對」，導致個人無法自主的認同自我。要在這種完全受制約的環境中生存，實在是一件非常痛苦的事。所以，人會想盡辦法去掙脫，也就是說，想盡辦法逃離這個社會。

其實，最重要的還是自我。在自我當中「肯定自己」，就是一定要去確認「自己是誰」。但是，現代社會卻無法給予我們這樣的確認，因爲會有種種制約不斷加在我們身上。而且，一旦變成了這種制約化的社會，個人生存的空間幾乎被壓縮到零。尤其是目前科學技術發達，教育進步的富裕社會，更容易發生這種狀況。所以，這也是二十一世紀全世界共通的問題。

在現代化社會，個人雖是整個體系中的一份子，但要如何才能達到活得很有意義的精神境界，如何追求個人的解放等等，我們都必須自己去摸索，政府、國家是幫不上忙的。教育改革和社會活動或許在某種程度上能和心靈，也就是人心或精神教育產生關聯，但實際上，政治也好、法律也好、國家也好，都無法拯救個人。在這個時候，我們就需要藉助藝術、宗教。

那麼，當個人需要獲得心靈救贖，需要藉助藝術、宗教力量的時候，藝術、宗教團體應該如何幫助個人呢？我曾經以此爲主題，在捷克舉行的「公元二〇〇〇論壇」做了一場演說，其中提到：

「回顧二十世紀，科技的快速發展為世界帶來前所未有的物質文明，但伴隨而來的社會變革，也為精神文明帶來重大的衝擊。」

「面對發展競爭的強大壓力，國家致力追求經濟成長，個人積極追求生活水準提升，使物質的滿足成為衡量成功的唯一標準，也成為普世奮力追求的目標。」

「對物質生活的追求，固然是帶動社會進展的動力，但過度強調，卻會使人在物質的欲求中忽略心靈的成長。」

「特別是，價值標準趨一所導致的社會組織化，更模糊了人的生存的價值，使人產生心靈的空虛，造成社會的疏離與扭曲。」

「但是，這種個人心靈的問題與社會的病態，無法以政治或經濟的方式加以解決，而必須借重超越物質價值的精神力量。」

這是因應現代化已達到某種程度的社會所提出的一種想法。另外，我的演講中也提到：

「人類賴以生存的世界，不是建立在純粹理性的基礎之上，而是有許多非理性的因素，如情感、信賴等交互運作。」

「因此，非理性的事物也有存在的必要和價值。人渴望有愛心、談戀愛，擁有可以信仰的宗教與藝術的慰藉。這些情緒或感情，都不是理性或合理性所能含括的。」

也就是說，理性或合理性是一個面，但是人還需要有另外的面，其中包括很多非合理性的因素存在。譬如說情緒，而最重要的就是誠信。

政治學家法蘭西斯・福山（Francis Fukuyama）在《歷史之終結與最後一人》（*The End of History and the Last Man*）之後寫了一本《誠信》（*Trust*），書中強調社會的誠信是很重要的。因爲，冷戰結束之後，意識形態的對立消失了，每個國家的人民都進入一種非常自由的社會。這也就是黑格爾所說的「歷史的終結」吧。在歷史終結的世界中，社會的誠信成爲最重要的價值觀。

肯定並建造多元化社會

我和福山也有同樣的看法，所以在捷克的演講中也提到：

「社會的誠信、人與人之間的交流或人際關係，是個人賴以生存的重要憑藉。」

「因此，要匡正社會發展的病態，首要的，就是重視非理性因素的存在，從而尊重個人心靈的自由，培養社會多元化的價值，才能讓每一個人都重視自己存在的價值，從組織化的社會解放出來，追求自己心靈的成長與發展。」

也就是說，這個人有這樣的想法，那個人有那樣的想法，我們要承認每個人的差異和存在，在多元化的社會中去尋找自己的生存方式。

所謂多元化的社會就是，即使出身貧寒的人也能當總統。只要書唸得好，夠優秀，要當政治家或當什麼都可以。這樣的社會才是多元化的。我覺得台灣社會就充滿多樣性。但是，台灣這個多元化的社會是不是就不尊重傳統了呢？其實不然。台灣人也可以活在傳統中，非常的自由。

因爲多元化社會是尊重每個人的差異和存在，但是並不只是那樣而已，在個人的上面還有更大的東西存在。那就是國家，以及國家的象徵——國旗、國歌等各種東西。這些都應該被視爲國家的傳統與制度，大家共同來遵守與維護。

在字典中，Pluralism 的解釋是「『在國家之中，多數的人種、宗教、政治信條等同時和平共存的』多元化共存」。的確，如果要讓多元化的價值觀和平共存，一定要承認比這更高的共同價值。很明顯的，那個價值就是國家。

傳統與進步都是很重要的。

人不管再怎麼進步，重視公義和正義感的基調是不會改變的。不同的是，有的時代重視這個基調，有的時代輕視它。只有這一點有差異。就因爲有這種社會的差異，所以舊約聖經的〈彌迦書〉才會有那樣的預言者出現，對人說，你再這樣下去不行，不改變是不行的。

尤其是已經迷失自我的年輕人，該如何幫助他們認同自我，並藉此認同充分發揮自我的能力，可說是非常重要的問題。

我在捷克演講的結論是這樣的：

「全球化的大趨勢是一股不可抗拒的力量，隨著資訊科技進步、自由貿易盛行、國際交往更為頻繁，以及各國的互賴程度增加，世界地球村對於每一國家的影響將與日俱增。」

「毫無疑問的，藝術、宗教和文明的問題將是每個人每天都要面對的，我們應該以開放的心胸去面對不同的藝術、宗教及文化，以互相包容的態度去接納不同的主張，讓各文化的特色可以更加發揮，各民族之間可以藉彼之長，補己之短。」

「宗教的最大訴求在喚醒人性的良善，藝術以增加人的美觀為目標，我們應該在快速變遷的資訊社會中，讓這個共同的訴求可以落實為真正的約束力量，導引國際社會走向更和諧、更美好的原始風景。」

「我們期望全球的藝術、宗教自由能夠早日來臨，也祝福每一位地球村的公民能夠得到心靈的寧靜，享受世界的和平。」

其中「原始風景」這個措詞是非常重要的。藝術、宗教的原始風景是每個人都可以擁有的。而就宗教而言，它所強調的就是，根本不需要去遵循什麼教團或宗教的基本教義。

國家應該居於個人之上

神賜給每個人身心，以及一種特殊的力量，那就是智慧。國家和宗教是不同次元的東西，這在哲學上也是如此。我的看法是，宗教是靠實踐才能體會的，不能以純粹的理性去思考問題。

我不想把宗教帶進政治裡，所以我在擔任總統期間不上教會，只請牧師到我住處做禮拜。

宗教，尤其是基督教，非常重視遵守神所說的話。我很想強調這一點。而且神教導我們的，決不是要我們背離國家，而是要我們忠於國家。

但是有太多事國家做不到，所以才委由宗教來做，讓宗教來分擔很多事情。所以我也曾這麼說過：

「在確立社會多元價值與培養個人心靈能量的過程中，宗教扮演非常重要的角色。也因此，在二十世紀即將結束之前，全球都應該致力於宗教的復甦與心靈的覺醒。」

社會的誠信，換句話說，就是人與人之間的信賴關係，在多元化社會中是非常重要的。人與人之間應該建立誠信關係，並且互相合作、相輔相成。而在這之上，還有國家的存在。

與達賴喇嘛宣誓，回歸宗教的原始風景

我不喜歡把教育和宗教牽扯在一起，因爲宗教是宗教。誠如日本山本七平先

生（一九二一—一九九一）所說的，爲政者如果把宗教帶進政治，很容易引發錯誤。但在教育可以做到的範圍內，我建議可以像在「生活與倫理」這樣的課程，教導孩子在家要做好事。

基督教盛行的國家，禮拜天會上教會，但是最近連在歐洲，上教會的人也愈來愈少了。尤其是在英國，大家都不上英國國教的教會。所謂國教，等於是國家的宗教，牧師領政府的薪水，在教會中講千篇一律的道。人們當然不會對這樣的東西感興趣。這樣的宗教無法幫助個人獲得救贖，所以大家乾脆就不去了。

我想說的還是，應該回歸宗教的「原始風景」。

我和達賴喇嘛在「回歸宗教美麗而原始的風景」這一點，看法非常一致。宗教與宗教之間彼此不要對立相爭，每個人都應該努力，追求原始而眞摯的宗教本質。

基督教、猶太教、回教，追根究柢都是師出同源。他們所認爲的祖先是亞伯拉罕，也就是說，這些教所信奉的其實都是同樣的東西，只不過後來漸漸細分出來。例如猶太教的聖經當中，就還留有新約聖經裡頭所沒有的舊約聖經補遺之類的內容，與基督教聖經的內容根本是相通的。

而舊約聖經或新約聖經中所探討的，就是神和人的關係。

神和人的關係，其實並沒有很清楚的被界定出來，若眞要說的話，只是神與人的一種約定。這種約定叫做律法。律法等於是法律。也就是說，聖經就是神和人關係的一部法律書。我們最好是這麼解釋。

所以新約的〈馬太福音〉、〈馬可福音〉、〈約翰福音〉，同樣都是耶穌的話，都是在敘述耶穌的事蹟。但是，各福音書的解說方式卻不盡相同，主要是因爲需要將神和人的關係傳授給不同立場的人。

例如〈馬太福音〉中就表示，不能惡意批評原本是猶太教，後來轉成基督教的信徒。這種想法是基於如果不在某種程度上讓那些人覺得受到尊重，他們就不會改變信仰。這對於一心想推動台灣民主化的我來說，提供了很大的參考。

但最重要的是，神確實是存在的，我們是透過聖經去遵守神和人之間的約定。

我認爲，在代表歐洲文明的基督教中，涵蓋著普世價值的生存方式。但是，那絕非特殊的東西。每個人都有神。不論什麼樣的神，只要你信了，就會與神之間產生約定。因此，不管我人在什麼地方，走到天涯海角，我和神之間的約定都依然存在。

或許有人會問，人爲什麼需要宗教。實際上，人類很單純，就是由魂（心靈）與肉體構成。然而，因爲精神方面相當脆弱，所以人類需要更高次元的存在與依靠。總而言之，我認爲我們每個人都需要全能的神。但雖說如此，要所有人立刻建立信仰，也不是那麼簡單的事。追求信仰的第一步，並不是因爲看不見所以不相信、看得見就相信，而是願意相信、願意實踐。這種從純粹理性往實踐理性過渡，在更高次元找到生存價值的作爲，乃是人生終極目標所在，也是宗教原始的力量所在——信仰是去相信、去實踐，存在的本身因而得到彰顯。

聖經教導的智慧

舊約的〈彌迦書〉很有意思。其中第六章的「主指責以色列」這樣寫著：

「我朝見耶和華，在至高上帝面前跪拜，當獻上什麼呢？豈可獻一歲的牛犢為燔祭嗎？」

「耶和華豈喜悅千千的公羊，或萬萬的油河嗎？我豈可為自己的罪過，獻我的長子嗎？為心中的罪惡，獻我身所生的嗎？」

「世人哪，耶和華已指示你何為善，祂向你所要的是什麼呢？只要你行公義，好憐憫，存謙卑的心，與你的上帝同行。」（和合本中譯，以下同）

美國前總統卡特在就職演說中也引用這段經文。他藉著這一段〈彌迦書〉的經文，強調他貫徹正義的信念。

這些話在台灣看來是非常重要的。我們不能只是獻祭給上帝，而必須行公義、好憐憫，與上帝一同行走。

同樣是在舊約裡頭，〈傳道書〉的內容也很值得玩味，完全是虛無主義。讀了之後，會讓人覺得很驚訝。起頭是這樣的：

「傳道者說：『虛空的虛空，虛空的虛空，凡事都是虛空！』」

接下來他又說：

「人一切的勞碌，就是他在日光之下的勞碌，有什麼益處呢？」
「一代過去，一代又來，地卻永遠長存。」
「日頭出來，日頭落下，急歸所出之地。」
「風往南颳，又向北轉，不住的旋轉，而且返回轉行原道。」
「江河都往海裡流，海卻不滿；江河從何處流，仍歸還何處。」
「萬事令人厭煩，人不能說盡。眼看，看不飽；耳聽，聽不足。」
「已有的事，後必再有；已行的事，後必再行。日光之下，並無新事。」
「豈有一件事人能指著說：『這是新的？』那知，在我們以前的世代，早已有了。」
「已過的世代，無人記念；將來的世代，後來的人也不記念。」
「我傳道者在耶路撒冷作過以色列的王。」
「我專心用智慧尋求查究天下所作的一切事，乃知神叫世人所經練的，是極重的勞苦。」
「我見日光之下所作的一切事，都是虛空，都是捕風。」

這是在問人活著的價值是什麼。我認爲這段經文把人類最空虛的一面描述得淋漓盡致，這些詞句總的來看，就是虛無主義。

聖經的好處就在於，它能點出人的困難、人本身所無法理解的問題，然後向我們提示智慧去了解。而到頭來，我們都必須貫徹正義和愛。人活著的意義就在這裡。反過來說，沒有虛無也就沒有聖經。就因爲人生虛無，所以人才需要神。

聖經不像般若心經那樣是佛祖在教導。聖經是人與神的交往，聖經的奧義也就在此。

例如舊約的〈以西結書〉第三十七章「枯骨復生」，經文是這樣寫的：

「耶和華的靈降在我身上，耶和華藉祂的靈帶我出去，將我放在平原中；這平原遍滿骸骨。」

「祂使我從骸骨的四圍經過，誰知在平原的骸骨甚多，而且極其枯乾。」

「祂對我說：『人子啊，這些骸骨能復活嗎？』我說：『主耶和華啊，祢是知道的。』」

「祂又對我說：『你向這些骸骨發預言說：枯乾的骸骨啊，要聽耶和華的話。』」

「主耶和華對這些骸骨如此說：『我必使氣息進入你們裡面，你們就要活了。我必給你們加上筋，使你們長肉，又將皮遮蔽你們，使氣息進入你們裡面，你們就要活了。你們便知道我是耶和華了。』」

「於是我遵命說預言。正說預言的時候，不料，有響聲，有地震；骨與骨互相聯絡。」

「我觀看，見骸骨上有筋，也長了肉，又有皮遮蔽其上；只是還沒有氣息。」

「主對我說：『人子啊，你要發預言，向風發預言，說主耶和華如此說：氣息啊，要從四方而來，吹在這些被殺的人身上，使他們活了。』」

「於是我遵命說預言，氣息就進入骸骨，骸骨便活了，並且站起來，成為極大的軍隊。」

也就是說，在那個人死了，精神也不存在的社會，神藉著以西結發出的預言，結果骸骨上長了筋，長了肉，又覆蓋了皮，並且吹入氣息，成了極大的軍隊。我在基督教的聚會中引用了這段聖經。我說，現在我們一定要在神的領導下團結一致，創出新的政府才行。這在當時雖然引發了一些問題，但是這段話愈讀愈覺得意義深遠。

我只是個微小無力的個人。但當我在推動改革時，「枯骨復生」變成大軍這段話卻給了我無比的力量。

氣息就是靈魂，也就是精神。你一定要把你所關心的精神，吹到每一個人身上。只要一步步去做，就會成爲一隊大軍，我們在遭遇困難的時候，經常都是這樣打開聖經來閱讀。

信仰其實是讓自己擁有一個堅強的信念，有了信念就會產生新的智慧。是智慧，不是知識。我想這是非常重要的。

第三章

國際秩序的鬆動與新興國家的崛起

冷戰結束、蘇聯瓦解後，全球秩序進入由美國主導的單超多強權力格局。西方學界出現人類歷史與社會制度的演進是否已進入「歷史終結」的論戰。一九九〇年代網路經濟帶來的「新經濟」榮景與全球化浪潮，也爲這股樂觀的期待增添聲勢。但美國領導下的全球治理體系在進入二十一世紀後，卻出現一連串的重大變化。從九一一事件爆發、G20躍登歷史舞臺、金磚五國（BRICS，指巴西、俄羅斯、印度、中國、南非）崛起、美國次貸風暴引發的全球金融海嘯、歐元區國債危機全面爆發，乃至美國主權信用評等首度遭到下調等，這些事件都顯示人類社會正處於一個重大變動的時期。美國的國力相對衰退，舊的國際秩序與權力體系逐漸式微，但新的權力格局與治理體系尚未形成，人類正處在歷史轉折的分水嶺。

「歷史終結」的辯證

「歷史終結論」最早源自於美籍日裔學者法蘭西斯・福山一九八八年的一場演講。後來，福山寫成〈歷史的終結？〉（*The End of History?*）一文，指出冷戰後美國的市場經濟與民主政治將普及全世界，人類將從過去的歷史中獲得解放。一九八九年十一月，柏林圍牆倒塌，冷戰結束。福山的「歷史終結論」在一夜之間獲得現實的「驗證」，並引起各界高度矚目。一九九二年，福山把他的觀點做進一步闡述，出版了《歷史的終結與最後一人》（*The End of History and the Last Man*）。書中明白指出，一九八〇年代所發生的一系列重要政治事件，不僅僅是冷戰的結束，更是歷史自身的終結。西方的自由民主制度是人類的最佳選擇，並將普及全世界，人類歷史與制度發展已達極致，一個穩定與和平的世界是人類社會發展的盡頭。

福山的論述引發了以杭亭頓（Samuel P. Huntington）為首的學者的批駁。法國學者德希達（Jacques Derrida）在《馬克斯的幽靈》（Spectres de Marx）中指出，馬克斯理論和作為其建制形式的社會主義一樣，都是由特殊的歷史背景所確立的。特定的社會主義或共產主義形式的崩潰或瓦解，並不必然表示社會主義或共產主義本身的終結。杭亭頓則提出「文明的衝突」（The Clash of Civilizations），指出西方大國主導的時代正在終結，隨著世界變小，各種文明的接觸與摩擦一定會增加。不同文明之間的衝突，將是未來世界衝突的主要形式。其後在全球各地陸續發生的各種紛爭與宗教對立事件，以及二〇〇一年美國遭受恐怖主義攻擊，震撼全世界的「九一一事件」，都可廣泛視爲「文明的衝突」。

然而，在學術辯證之外，福山的歷史終結之說，在美國與世界各國都有非常深遠的影響。冷戰後美國歷任政府，無論是民主黨或共和黨，都以「歷史的終結」爲基礎，採取樂觀態度，以唯一的超強之姿，建構「美國單極的世界秩序」，推行其世界戰略。例如柯林頓政府時期，就採納了福山的「民主資本主義」概念，並介入科索沃戰爭，在當地推行西方的民主制度；小布希政府出兵阿富汗、發動伊拉克戰爭，並大力推動對當地「民主制度」的改造等，也都與福山「歷史終結論」中所主張的「民主」與「自由資本主義」的精神相符。這也是冷戰結束後二十年間，美國政府一貫採取的策略。

經濟自由化失控與全球化失衡

次貸危機引發的全球金融海嘯

一九九〇年代因資訊科技快速進步、網際網路普及，加上全球化盛行，美國經濟打破景氣循環規律，出現空前持續繁榮的景象。在新經濟（New Economy）之名推波助瀾之下，美國市場經濟制度發生重大改變，普遍樂觀相信經濟將持續成長，不景氣、大恐慌的衝擊可能不會再現。在這股對景氣的樂觀預期下，美國民眾普遍相信住宅能快速銷售，地價也將持續上漲。美國房地產價格從一九九〇年代末開始上漲。隨著持續的漲勢，次級房貸（sub-prime mortgage）的數量也從二〇〇二年開始迅速增加。

次級房貸的風險較高，利率也很高，但買房子的人相信，很快可以高價出售得利。另一方面，貸款銀行遇到不良債權的時候，也可以把作爲擔保品的土地與建物出售，在高房價的時期仍可獲利。爲了減低風險，業者並將債權證券化，將債權賣給第三者。之後再請信評公司對這種衍生性金融商品進行分級，並給予評等。如果信評公司證明這類商品等級非常優秀（AAA），美國的投資銀行便可能購入這種金融商品，並向全世界的銀行、公司、投資機關大量兜售。資本主義發展到這種程度，金融市場和商品市場已經分不清楚了，而過去的經濟學理論沒辦法解釋得通。

在這股房市熱潮下，從一九九七年到二〇〇六年間，美國一般住房價格上漲了一二四%。二〇〇六年中期，美國房價升至頂點並開始逐步下跌。由於房價下跌，再融資變得更加困難，利率也變得更高，導致違約與法拍的案件數量急劇增加。二〇〇七年二月，次貸危機開始波及金融部門。二〇〇八年，次貸危機進一步擴大。長期在住宅貸款抵押債權證券上有龐大業務的雷曼兄弟投資銀行（Lehman Brothers Holdings Inc.），被投資人認定有巨額損失，致使該公司信用一落千丈，債權與價格急跌，資金緊縮，終於在二〇〇八年九月宣佈破產。其他幾家投資銀行，如貝爾斯登和美林證券，也不得不賤價出售給其他銀行；摩根史坦利和高盛，則選擇轉型爲商業銀行，接受更嚴格的政府監管。

雷曼公司破產後，全球資金流通大受影響，金融不安愈加擴大。美國與歐洲各國政府，開始採取大規模的財政支出，發行赤字國債、進行公共事業與各項刺激景氣對策，結果使得歐美各國財政赤字急速增加、國家債務持續惡化。對於其他持有大量美國國債的國家，例如中國和日本，也擔心債權不履行或債權價值可能暴跌，恐慌情緒擴張到全世界。

歐債危機

歐債危機的出現，可追溯至二〇〇九年十二月，希臘因欠下巨額公債，導致債信降級，不得不向歐盟與國際貨幣基金（ＩＭＦ）申請紓困。二〇一〇年中，愛爾蘭與葡萄牙同樣被降評；二〇一一年，義大利與西班牙也出現類似狀況。這五國總計欠下超過八兆美元的債務，等於全球資金總額的一五％。相較之下，當初雷曼兄弟倒閉引發金融海嘯時，總資產只有六千三百九十億美元，歐豬五國（PIIGS，由葡萄牙、愛爾蘭、義大利、希臘、西班牙五國的國名字首組成）的債務總額，已達到雷曼的十二倍。

歐債問題的直接起因源自於二〇〇八年的美國金融海嘯。爲了因應金融海嘯的衝擊，歐洲各國政府無不提高紓困金、失業補助，加強政府支出以提振景氣。歐盟也決定暫時不嚴格執行「穩定暨成長公約」（Stability and Growth Pact，簡稱ＳＧＰ公約。規定各國政府年度赤字不得超過ＧＤＰ的三％，政府債務不得超過GDP的六〇%），致使各國債務迅速飆高。

除了金融海嘯之外，歐債問題還有一個結構性的因素，那就是歐元區採取統一的匯率與利率。儘管歐元區內各國經濟狀況不同，產業競爭力也不同，但由於歐盟採取統一匯率與利率，體質較弱的國家無法以貨幣貶值促進出口，也無法以降息來刺激投資。政府可以刺激經濟的武器，只剩下擴大政府支出、採用各種補助政策，以振興經濟，並照顧低所得者及失業者。因此導致歐洲多國政府負債快速累積，並造成強者恆強、弱者愈弱的局面。相對較強的德國，則拿出口貿易所賺來的錢，購買各國公債，造成歐債問題的惡性循環。

由於歐元國家不能用貨幣政策代替財政支出提振經濟，負債大幅增加之後，也不能印更多鈔票或以貨幣貶值來解決問題，加上歐洲不少國家有人口結構老化、勞動人口減少的問題，所牽涉的社會福利支出增加、政府稅收減少等各項因素，都使歐元國家陷入比美國更難解決的困局。

經貿自由化與全球化：有風險也有代價

世界貿易組織（WTO）有「經貿聯合國」之稱，是在美國等先進國家主導下，以推動全球貿易自由化爲主旨的國際組織。但由於WTO的決議採取共識決，許多有關經貿自由化的議題要由一百五十八個會員國形成共識，有很高的難度。因此，二〇〇一年開始的杜哈回合談判（涉及農業、非農產品市場進入、服務業貿易、智慧財產權、貿易規則、爭端解決、貿易便捷化等議題），至今仍然停滯不前。

WTO發展停滯，各國就紛紛轉向簽署雙邊或多邊自由貿易協定（FTA），以尋求突破，並追求國家更大的利益。透過自由貿易協定，當事國之間彼此承諾開放市場，一來比較容易達成共識，並可爲雙方（或多邊）創造更大的利益，二來也可以排除WTO對於最惠國（MFN）的限制，使國家之間得以追求範圍更廣、程度更高的自由化目標。也就是說，FTA是在WTO的既有基礎上，透過貨品貿易、服務貿易、智慧財產權、爭端解決等面向達成共識，在一定期間內，消除絕大部分的限制措施，並開放市場。藉著自由貿易協定的簽署，除了逐步擴大相互承諾的議題深度之外，並可尋求擴及其他議題，以進一步推動全球貿易自由化。

雖然美國推動經貿全球化的進程受到相當阻礙，但全球各地的區域經濟整合，已逐步形成北美自由貿易區（NAFTA）、南錐共同市場（MERCOSUR）、歐盟（European Union）、東協（ASEAN）自由貿易區等幾大區塊。而亞洲地區還在進一步整合。例如二〇一二年五月，第五次中日韓領導人會議中，三國領導人同意年內正式啓動中日韓自由貿易區（FTA）談判。這個自貿區一旦啓動，將使東北亞地區成爲繼歐盟（EU）和北美自由貿易區（NAFTA）後的第三大經濟區。如果中日韓自貿區與東協自貿區整合，可能形成「ASEAN+3」的東亞自由貿易區（East Asia Free Trade Area），這個自貿區很可能將由中國主導。但由美國主導的APEC，也開始積極推動「泛太平洋戰略經濟夥伴關係協定」（Trans-Pacific Partnership, TPP）與亞太自由貿易區（Free Trade Area of the Asia Pacific, FTAAP）的概念，隱隱然與東亞自由貿易區形成對抗。

福山所宣揚的來自西方的福音——自由民主制度與全球化自由市場經濟——在過去二十多年的實踐中，出現了不少問題。在經濟自由化之下，過度擴大信用、操作各種衍生性金融商品，可能引發嚴重的金融風暴。由於缺乏穩定的全球貨幣，世界經濟體系持續波動，甚至出現金融危機，且對實體經濟的破壞力量愈來愈大。而貿易自由化往往是雙面刃，有利於簽約國的強項產業，而代價是弱勢產業可能萎縮。從歐元區整合的結果也看到，產業競爭力較低的國家，往往受害程度遠遠高於較具競爭力的國家。

另外，在過去三十年美國主導的經濟全球化與新自由主義意識型態的雙重作用下，國家與政府的社會利益協調及保護功能日益弱化，經濟自由化帶來的利益與風險分配極度不均，利益被極少數人拿走，風險卻由大多數人承擔。美國財富分配愈來愈集中於頂層。二〇〇七年美國所得最高的一%家庭擁有二三·五%的總財富（在一九七六年只有八·九%），而且高收入階層的薪資，遠較收入位於全國平均值的階層，例如勞工、事務助理的薪資成長更快。社會結構M型化，帶來許多嚴重的問題。諾貝爾經濟學獎得主斯蒂格利茨（Joseph E. Stiglitz）便指出，美國的民主早已背離林肯「民有、民治、民享」的理想，甚至已經淪爲「百分之一所有、百分之一所治、百分之一所享」。在全球化浪潮所及之處，幾乎所有社會都面臨「富者更富、中產趨貧、貧者更貧」、知識與數位落差不斷擴大的難題，而眾多弱勢群體，則被邊緣化並暴露在巨大的經濟與環境風險下。近年出現的反全球化示威、「占領華爾街」運動等，都與這些負面效應有關。

美國的衰退

冷戰結束蘇聯瓦解後，美國成為世界唯一超強，並主導世界秩序至今二十餘年。這段期間的國際秩序與全球治理的品質，批評者頗多。從國際關係權力分配的角度來看，美國雖然仍是世界最強大的國家，但其國力在過去這段期間是相對衰退的。而以東亞、拉美等國為首的新興國家，政經實力則明顯持續崛起。

次貸風暴之後，美國失業率居高不下，相較於先前低於五%以下的失業率，二〇〇八年後美國的失業率屢創新高，持續膨脹的國債與財政赤字問題，可說是美國國力衰退最明顯的指標。

美國國債到了二〇一二年九月已突破十六兆美元，創有史以來最高紀錄，平均每位國民背負約五萬一千美元債務。由於美國政府開支擴大（特別是軍事支出），但收入並未隨之上升，加上金融海嘯時期，為挽救金融危機而大幅增加開支，使得美國國債在短短十年內暴增十兆美元。十六兆美元還只是美國政府所欠的債務，如果加上美國公司和私人累計的欠債，總額更驚人。根據國際經合組織（OECD）的統計資料，如果按照美國現有人口三・○五億來計算，人均欠債爲七十萬美元，每個家庭（按一戶三・一人計）欠債高達二百一十七萬美元。

如果用美國國債的平均收益率六％來計算，目前的十六兆國債光是支付利息，就已經將近一兆美元。但目前美國政府收入約僅二兆美元，就算把通膨因素算進去，也不過二・五兆美元。換句話說，光是債務利息就已經占美國政府收入的四○％。美國前白宮經濟顧問薩默斯（Lawrence Summers）曾公開警告，如果國債違約引發金融海嘯，其規模將遠遠超過二○○八年因雷曼公司債務違約引爆的金融海嘯經濟危機。

除了一九九八至二○○一年外，美國政府一直有財政赤字問題。二○○一年至二○○七年間，美國政府年均財政赤字相對溫和，不高於三千七百億美元。但隨著次貸風暴擴大，二○○八年美國財政赤字水準攀升至四千五百五十億美元。二○一二年的財政赤字更高達一兆八百九十億美元，占GDP的七％。

美國聯邦儲備銀行在二○○八年十一月開始採行量化寬鬆政策（Quantitative

Easing, QE），試圖刺激經濟復甦，抑制嚴重的失業問題。此舉導致全球性通貨膨脹，並加劇歐洲國家的債務問題，美國的債信危機也依然持續。二〇一〇年十一月QE2出籠，世界經濟面臨金融海嘯以來最嚴重的挑戰。由於美國債務問題嚴重，經濟前景疑慮上揚，二〇一一年八月五日，信評機構標準普爾將美國主權信用評級從頂級的AAA，下調爲AA+，創下首先調降美國信評的紀錄。

美國國會預算局曾在二〇〇七年底做出推算，隨著嬰兒潮步入退休潮、人口老化、平均壽命延長，醫療福利及社保開支只會逐年上升，到二〇二五年，社保及醫療福利開支加上利息支出，將超過GDP的二〇%，也就是聯邦政府的全部收入。屆時，美國聯邦政府將沒有任何經費可以用於其他政務項目。若再計入二〇〇八年之後增長的債務，美國國債危機惡化的速度將更快。悲觀的估計認爲，美國經濟快則六至七年，慢則二、三十年內，就會步上政府破產的命運。

然而，美國是全球最大的經濟體，美元作爲全球通行貨幣的地位，在短期之內不至於被取代，加上美國擁有龐大的內需市場、優秀的人才，許多經濟學家認爲，美國將可以藉由印更多鈔票及提高舉債上限，逐步化解目前的債務問題。但是美元的貶值需要保持一定的界限，以免世界各國對美元失去信心，減持外匯儲備中的美元，進而導致美元霸主地位喪失。

新興國家的崛起

二次世界大戰後，帝國主義告終，西方列強無法再以殖民手段掠奪第三世界的資源，也無法再透過戰爭，達成資本累積的手段。過去半個世紀以來，第三世界國家已逐步拉近與西方先進國家的差距。雖然以美國為首的西方國家，透過維持科技的領先、金融的獨占，並藉由智慧財產權、科技保護主義與各種遊戲規則的制訂權，試圖保持其優勢與競爭力，但不可否認地，非西方國家已逐步崛起。不僅東亞國家已全面快速接近，中東、南亞與拉丁美洲國家也開始急起直追。

中國的崛起

隨著新興市場持續崛起，西方先進國家在全球國內生產毛額（GDP）中的比重，勢必逐漸降低。麥迪遜教授（Angus Maddison）指出，在不到四十年的時間裡，全球經濟實力與財富快速重新分配。在第一次石油危機時，也就是一九七三年，用購買力平價（PPP）計算，西方國家（西歐、美、加、紐、澳）的GDP占全球GDP的比重約為五一%，所有其他國家只占四九%。到了二○○三年，西方國家的比重已經下降到四○．四%，非西方國家上升到五九．六%。到了二○三○年左右，西方國家的比重，預計將會進一步下降到三二%，而非西方國家會繼續上升到六八%，其中印度與中國合計將占到三四%以上。

單以美國GDP來看，二○○○年美國GDP占世界經濟比重達三○．六%，但隨著中國、俄羅斯等新興經濟國家的崛起，到二○○七年已降至二五．四%；在全球出口額中所占比重也從二○○○年的一二．三%降至二○○七年的八．四%，進口額比重也從一九．二%降至一四．三%。相對地，中國的GDP總量在「十一五」期間，從二○○五年的全球第五位，提升到二○○六的第四位、二○○七年的第三位，到二○一○年，中國GDP總量以五兆八千七百八十六億美元，超越了日本的五兆四千七百四十二億美元，晉升為全球第二大經濟體。

除了經濟的發展，中國軍事預算在過去二十四年間，每年以兩位數的速度增長，其軍力已有長足進展。二〇〇五年，中國國防預算即已成為全球第二，僅次於美國。

美國影響力的衰退與中國勢力的崛起，在東亞安全事務，例如朝鮮半島與台灣海峽的衝突管理上，可以看出明顯的跡象。在區域經濟上，由北京主導的東亞自由貿易區正在形成，東亞經濟共同體也預計在二〇一五年前後出現。而這些規劃是將美國排除在外的。然而，美國在二〇〇九年宣告重返亞洲，一方面積極介入亞洲區域事務（例如南海問題），另一方面也透過APEC架構，力推「泛太平洋戰略經濟夥伴關係協定」（TPP）與亞太自由貿易區的概念（FTAAP），強力維護其在亞太地區的地位與利益。這說明了，中國處心積慮想把美國勢力排除在亞洲之外絕非易事。

中國崛起背後的內部問題

中國改革開放三十多年以來，內部也累積了許多問題。最為關鍵的是，由於經濟體制改革的「獨輪車」單線前進，社會與政治體制改革嚴重落後，使得中國在取得經濟發展成果的同時，也出現愈來愈多的社會及政治問題。例如，貧富差距擴大、環境生態惡化、社會矛盾激化、群體事件日增、官員貪腐日益嚴重等。至於公民權利的保障、政府權力的制約，以及司法獨立、依法行政等民主法治國家基本要件的落實，更是遙遙無期。

由於社會矛盾加深，各種上訪、集會、請願、遊行、示威、罷工等「群體性事件」快速增加。根據不同研究統計，群體性事件已從一九九三年的不到一萬件，增加到二〇一〇年的十五到二十萬件。爲了維護政權穩固，中共當局用於「維穩」的經費，從二〇一一年以來，已經連續兩年超過國防預算。雖然中國讓一部分人先富起來了，但收入分配在一九九〇年代開始快速惡化。勞動收入占國民生產總值的比例，從一九九〇年代的五〇%以上，已降到接近四五%。全國收入最高的一〇%群體和收入最低的一〇%群體的收入差距，從一九八八年的七．三倍上升到二十三倍以上。各方面的研究都指出，中國的基尼係數（數值愈高，表示貧富差距愈大）在二〇一〇年已經超越國際認定的警戒線〇．四，甚至有研究認爲已經突破〇．五。

與此同時，隨著經濟發展，快速增長的教育費用、醫療費用、飆漲的房地產價格，以及社會福利與退休保障缺乏等因素，使中國的儲蓄率從一九八〇年代以來，始終維持全球第一。根據中共國家統計局長指出，二〇〇八年中國的儲蓄率為五一．三％，是美國的四倍多。由於老百姓不敢消費，過去十年間，中國內部消費占國民生產總值的比例，最終消費從六二％降至四七％，居民消費則由四六％跌至三四％。中共在「十二五規劃」裡明白揭示，要將中國經濟增長的模式，從出口導向轉為消費導向，從投資帶動轉為內需帶動。但面對工資成長速度落後於GDP成長速度、貧富差距惡化，以及阻礙消費的幾座大山，中國經濟轉型的任務，可說是困難重重。

面對各種要求進行政治、經濟、社會體制改革的聲浪，中共當局在二〇〇二年「十六大」工作報告中，已經明確提出政治體制改革。收入分配改革問題，也從二〇〇四年就開始進行調研，並醞釀具體改革方案。但胡溫體制十年過去了，政治體制改革、社會體制改革或收入分配體制改革等，仍然無一落實推動。剛剛接班的習近平、李克強等中共第五代領導人，面臨的是非常嚴峻的內外情勢挑戰。

從G20到金磚五國：非西方國家崛起的指標

一九七三年石油危機催生了工業國家組織，其成員由一九七五年的G6擴大到一九七六年加拿大受邀加入後的G7（美、英、法、日、德、義、加），再到一九九八年俄國正式加入後，「八大工業國組織」（Group of Eight, G8）宣告成立，成爲推動世界經濟的主要動力，美國則是G8的領導者。

一九九七年亞洲金融危機爆發，G8各國體認到應擴增參與國，以有效因應全球經濟問題，隨後中國、巴西、印度等新興工業化國家陸續加入，到一九九九年十二月，「二十國集團」（Group of 20, G20）形成，經濟成長迅速的新興工業化國家，也在會議中取得發言權。G20作爲一個國際經濟合作論壇，其峰會的主要目的在推動工業化發達國家與新興工業化國家之間，就實質性問題進行開放及建設性的討論與研究，並促進國際金融穩定與經濟的持續增長。從G7到G20的轉變，反映了新興國家的崛起及其日漸重要的角色。

金磚五國（BRICS）的形成，是非西方國家崛起的另一個重要指標。在二〇〇九年舉行的聯合國全球氣候變遷公約哥本哈根會議上，中國、印度、巴西與南非首次聯手，針對新一輪全球溫室氣體減排的遊戲規則提出全面主張，並獲得絕大多數發展中國家的共鳴，打破了長期以來由西歐國家主導減排議題的局面。二〇一一年在海南島三亞舉行的「金磚五國高峰會」上，金磚五國的領袖公開宣示將攜手與所有發展中國家，建立一個更公正、更民主的國際政治經濟新秩序。此一宣示為重塑二十一世紀的國際體制與規範揭開了序幕。二〇一二年三月底在印度新德里舉行的「金磚五國高峰會」，五國首腦共同發表了《德里宣言》。這份全文共五十條的宣言，明確揭示金磚五國高峰會的宗旨，將從經濟性國際組織提升為政治性國際組織。

然而，未來金磚五國是否眞能密切攜手合作，代表新興經濟體與開發中國家，針對所有重大全球性議題，形成共同主張與政策方案，逐步取得處理全球議題的話語權，並與美國所主導的七大工業國高峰會分庭抗禮，甚至撼動現存的世界秩序與既有規範，恐怕充滿疑問，有待觀察。

新興國家的責任

美國國力相對衰退之際，正是新興國家發展的當頭，這個歷史機會給予新興國家取得更大施展權力的空間。不過，就國力及領導力而言，當前崛起的新興國家與美國及其同盟國相較差距仍大，主要是這些新興經濟體（一）大致上尚處貧窮；（二）政經制度與發達國家相當不同，且部分有干涉他國內政的傾向。體制上缺乏吸引力，影響軟實力的發揮與作用；（三）彼此間差異甚大，經濟、安保上的利害關係不盡相同；（四）最重要的是，缺乏充分多元的國際經驗，例如國際經貿與人道援助等。

此外，新興國家希望在國際事務上取得更大影響力，藉以提升國家地位與利益，但卻又不願分擔全球責任。例如，在國際貨幣基金、世界貿易組織等與維持國際經貿秩序有關的組織中，許多新興國家都提出自認正當的理由，規避相關規範。可議的是，有些不願在國際事務上盡責的新興國家，卻又擺出要對鄰國「負責」而欲加以干涉的傾向。

隨著影響力擴增，新興國家除了在各政府間國際組織（ＩＧＯ）要求相對的權力，非政府間國際組織（NGO）也面臨新興國家帶來的挑戰。非政府組織具有透明性、公開性，並支持人權、自由與民主主義的特質，對此，先進國家與非政府組織所主張的政策目標是相同的，但是大部分的新興國家卻各有盤算，對參與非政府組織抱持不同的意圖與目的，這可能導致非政府性質的國際組織影響力出現式微的趨勢。

從單極格局過渡到區域化的多極形式

冷戰結束以來，由美國主導的單一超強全球政經格局，並未讓世界秩序變得更好。美國在阿富汗、伊拉克的軍事介入，未能使當地順利轉型爲自由民主的政治體制；以WTO爲象徵的全球經貿自由化進程，也因進展不利，而轉向簽署雙邊與多邊的自由貿易協定及區域經濟整合的方向發展。相對地，自「九一一事件」以來，全球各地的宗教、文明與族群衝突不斷，世界情勢的進展，似乎更爲接近杭亭頓所描述的「文明的衝突」。

伴隨著全球生產力與財富重分配而來的，是全球秩序與治理體制的結構重組。這個由美國與歐洲國家聯手建構，並以西方國家價值與利益為核心的既有秩序與規範，正面臨功能失調與合法性不足的雙重挑戰。非西方國家崛起後，由美歐主導的「一元現代性」（singular modernity）舊格局，是否將朝「多元現代性」（multiple modernity）的新局轉變？未來非西方社會在面對社會制度與價值體系的選擇時，可能享有更大的思維空間。這裡即涉及當前所謂「華盛頓共識」（Washington Consensus）與「北京共識」（Beijing Consensus）兩種模式競爭與選擇的問題。不過，在這兩者之外，是否有第三條路的可能，也就是，在堅定民主普世價值的原則下，適度修正資本主義的形式，以朝向一個更符合權力資源分享與更能體現正義與公平的自由？這也是台灣當前要嚴肅思考的問題。

冷戰後由美國主導的全球政治與經濟格局已經鬆動，但新的國際政經秩序仍未形成。經濟上，美元將持續弱勢，雖然在可預見的將來，超主權貨幣還難以出現，但國際貿易結算貨幣，將呈現多元化、區域化的格局。人民幣將成為亞洲區域貿易的主要結算貨幣以及亞洲債券市場的主要計價單位。為了因應美元弱化的長期趨勢，東亞各國可能形成貨幣同盟或共同市場，緊密協調貨幣與匯率政策，相互持有對方國債。歐洲正陷入二次大戰以來首見的經濟困境，歐元體制能否避免解體的命運，還在未定之天。許多歐洲國家的年輕世代面對福利國家與世代正義的衝突，稍有不慎即能引發社會動亂與偏激政治路線的滋長。

在美國消費能力減弱與歐洲經濟陷入停滯的趨勢下，新興經濟體將成爲維繫全球經濟發展與自由貿易體制的主角。面對美歐貿易保護主義聲浪持續上漲，新興經濟體之間的經濟依存度將顯著增強，彼此在貿易、金融、能源與環境上，出現更緊密的合作。

政治上，美國自二〇〇八年雷曼兄弟破產的同時，其世界領導權逐步弱化，換句話說，世界在過去這四年間失去了強而有力的領導者，且在這期間所發生最重大的事件，就是美中兩國關係的惡化。雖然中國在二〇一〇年底修正了強硬的外交主張，回歸「韜光養晦」路線，但美中兩國的戰略互疑仍未去除。中國持續壯大實力後，有無可能在未來幾年後放棄「和平發展」的路線，挑戰美國霸權地位；或者，中國可能聯合金磚五國成員，以新興經濟體與開發中國家代表的身分，要求參與更多重大全球性議題的決策，以建立一個更能符合或反映其國家利益的國際政治經濟新秩序，是未來觀察的重點。

美中兩國雖然都想朝建設性方向修復彼此的關係，但實際上，兩國結構性的對立卻有深化的傾向。台灣的發展很難排除美中因素，因此，未來美中權力競逐將如何影響兩國關係走向，進而牽動台灣，必須全面加以思考。一個美中對立深化與競爭白熱化的亞太，對台灣的挑戰肯定是更加艱鉅。無論如何，台灣都必須先做好戰略準備，積極構思因應各種可能變化的「十八套劇本」。

全球環境與生態失衡的危機持續惡化，能源、糧食與水資源的爭奪，將成爲國際衝突的新焦點。未來的世界可能由一至數個強權主導或支配各該屬區域，並在此基礎上形成鬆散運作的國際秩序。

台灣的戰略選項：華盛頓共識與北京共識之外的另一條路

回顧從冷戰結束以來到目前的全球政經發展趨勢，福山在後冷戰時代開端所發表的「歷史的終結」可說並不正確，美式自由市場經濟制度並不是人類最佳的選擇，因爲自由放任的市場教條與政治的民主體制，兩者之間並不存在內在關聯性。二〇〇八年由美國次貸危機所引發的全球金融海嘯，造成全球資本主義體系進入前所未有的蕭條、失業與債務深淵，到今天還看不到黑暗隧道的盡頭，這場危機將自由市場經濟理論與實踐的缺陷暴露無遺。

另一方面，政治的民主體制卻有其無庸置疑的價值與可實踐性，但是正如市場經濟存在許多不同類型，民主概念也有不同類型的理論與實踐。政經社會體制的理想發展典範，首推一九九八年諾貝爾經濟學獎得主沈恩（Amartya Sen）所倡導的：「發展即自由」（Development as Freedom），亦即經濟發展的目的應該超越「唯發展論」以物質金錢所得爲唯一衡量標準，是爲了替人民爭取更多的政治、經濟自由選擇權，也就是應以「政治自由」、「經濟能力」、「社會流動」、「課責透明」與「安全保護」爲社會經濟發展的五大價值標準。這些價值標準本身是目標，也是手段，係確保其他價值目標可以獲得實現的管道，而且彼此之間不可切割。

此外，在「發展即自由」的架構之上，我們必須再加上「保護生態環境」的重大前提，必須深刻體會「經濟鑲嵌於社會，社會鑲嵌於環境」的依存關係。唯有以「發展即自由」加上重視生態環境所建構的價值體系爲立足點，我們才能正確評估國際局勢此消彼長的動態發展，並對台灣應該遵循的發展路徑，有一個清楚明確的方向。

華盛頓共識

華盛頓共識與歷史終結論同在一九八九年出現，代表美式資本主義的經濟內涵，由彼得森國際經濟所資深研究員威廉森（John Williamson）在討論如何整頓拉丁美洲國家債務問題時所提出。他列舉了十項經濟政策主張與內涵：

- 財政紀律：以收支平衡爲原則，若須舉債，以未償還債務餘額占GNP比率不升高爲限；
- 公共支出的先後順序：降低對國營企業虧損的補貼，教育支出應集中在國民教育，擴大基礎建設投資；
- 稅制改革：避免加稅，擴大稅基，適度調整邊際稅率；
- 利率：兩大原則，一是應由市場決定，以避免官僚尋租；二是應爲正利率，以鼓勵國民儲蓄及避免資本外逃；
- 匯率：以具有出口導向的競爭力爲考量；
- 貿易政策：進口自由化，依照時間表或國際收支帳情形撤除保護；
- 海外直接投資：打開門戶歡迎海外直接投資，地主國可用「以股換債」的方式達到降低債務與開放門戶的雙重目標；

- 私有化：國營企業具有國家主義的性質，素來爲美國所反對。私有化可帶來競爭效率，並可解除國營企業「軟預算」造成通膨的壓力；
- 解除管制：政府管制帶來官僚貪污的空間，且不利中小企業，應予以解除；
- 財產權：私人財產權應獲得確保。

由這十大原則所構成的華盛頓共識，很快被認爲是開發中國家爲刺激經濟成長所應採取的經濟模式，本質上就是自由市場資本主義（free-market capitalism），也被稱爲新自由主義（neoliberalism）。贊成這套學說的人士，甚至認爲東亞四小龍從一九七〇年代以來所創造的經濟奇蹟，就是依循這些原則的成果。這種說法不僅引起學術上很大的爭議，認眞採取這套模式的開發中國家，也並未得到預期的經濟成果。但冷戰結束，美國成爲世界體系的單極霸權，新自由主義成爲美式資本主義的意識型態，爲經濟全球化運動推波助瀾。

最大的諷刺莫如二〇〇八年以來，全球金融海嘯所引發的一連串危機。施行私有化，解除管制與自由化等措施，最終造成金融體系崩潰，以致許多國家政府必須出面動用納稅人的大筆金錢，以進行國有化與大幅舉債的方式拯救金融體系，其代價之大連美國與歐盟國家都陷入國債危機，違背華盛頓共識的第一條關於財政紀律的原則，顯示新自由主義的內在邏輯不僅互相矛盾，對全球經濟體系與個別國家的經濟安全也帶來莫大的危害。

北京共識

北京共識的詞彙與概念係由美國政經商業分析專家拉摩（Joshua Cooper Ramo），於二〇〇四年發表在英國外交政策中心刊物文章中首度提出。有別於華盛頓共識所清楚列舉的硬性與普遍性原則，拉摩的北京共識係基於中國崛起的現象與全球化失敗的經驗，主張個別國家的發展條件與挑戰不同，所以適用的發展途徑也應有所差異。拉摩文中列舉的基本原則有：

- 彈性與實用主義：簡單地說，就是領導中國進行改革開放的總工程師鄧小平所強調的「摸著石頭過河」，與「不管黑貓白貓，會抓老鼠就是好貓」的彈性與實用主義。
- 發展目標應兼顧生活品質與所得分配：批判華盛頓共識過度強調人均GDP

做爲發展績效指標的同時，拉摩鑑於全球化失敗的經驗，主張經濟成長不應該等同於發展，生活品質與所得分配應同等受到重視，例如聯合國人類發展指標（Human Development Index, HDI）應是衡量國家發展績效的較佳工具。

- 國家自主性：有別於華盛頓共識以自由市場與財政紀律等名義強行介入他國內政的做法，北京共識主張應積極尋求國家獨立性，杜絕外國勢力以任何理由介入內政，這個原則受到如非洲等開發中國家的認同與歡迎。

相較於華盛頓共識強調一體適用與自由開放，北京共識強調維持獨特性與政策彈性，表面上北京共識勝過華盛頓共識，尤其是近年來國際勢力此消彼長，美國國力似乎處於衰退之中，而中國仍持續崛起，但是這種看法沒有掌握到對國家長遠發展最重要的制度性因素，也忽略了隱藏在北京共識底下對於威權專政的荒謬認同，並未體認到「發展即自由」所強調的民主、自由與人權等普世價值對於社會經濟發展的重要性。

華盛頓共識與北京共識的是與非

從華盛頓共識與北京共識的討論，有助於我們釐清自己應該走的方向。首先，觀察中國經濟不能只看經濟成長率。決定國民經濟活動，除了實體資本、人力資本以及技術知識等生產投入要素，還有制度資本。中國現在有三億以上勞動的人口，雖足以抵銷中國制度資本不足的問題，但中國制度資本的不足大量體現在不同行業的准入審批、對市場的行政管制，還有許多灰色以及朝令夕改的法令規章，這些將會阻礙廠商的進入，也會拖延民間的創業，進而影響到經濟學者熊彼德所說的「創造性破壞過程」的速度。廉價勞動力短期內固可彌補制度資本的不足，但無法永遠做為制度資本的替代品，這是中國經濟未來必然會遭遇到的瓶頸。

中國無法持續依賴製造業出口來維持高速成長，必須轉往內需型的服務業，但服務業的發展對制度資本的依賴度更高。舉例說，新聞自由是制度資本重要產出之一，媒體言論受到的限制愈多，就愈報喜不報憂，所蒐集到資訊深度與廣度都會大打折扣，造成市場參與者所得到的資訊就愈失真而片面，客觀性也愈低，市場訊息的混濁程度只會愈高，結果以「服務」無形商品爲交易標的的服務業在新聞愈不自由的國度就愈難發展。曾有大型跨國研究指出，新聞媒體最自由的國家，其服務業也最發達。服務業發展與財產權保護的關聯也很密切，財產權保護愈好的國家，其服務業也愈發達。

從制度資本與經濟發展的角度來看，如果中國不改善負責執行契約的司法體系，以及調整負責資訊提供與權力制衡的架構；如果中國對行政權力的制約欠缺實質性進展；如果中國不從事制度變革；如果中國政府不能爲市場交易者提供更可靠的法律與資訊架構，那麼中國要想在附加價值以及收益率更高的服務業上有所表現，將會非常困難。但是中國若要去發展更高層次的服務業，特別是金融服務業，沒有相對應的法律與資訊架構是行不通的。因爲司法體系不可靠，人民所能掌握的正確資訊不足，那麼經濟個體從事這種高層次服務業交易的風險會變大，交易意願就會下降。金融服務業發展的核心是提高資產流動性，進而提升使用效率，提高其所創造的價值，而制度資本差別的長遠價值就在這裡。

二十世紀，美國的政經實力來自以「民主、自由與人權」爲核心價值的軟實力。如果各國的政治制度與價值理念差異很大，一旦跨國的貿易成本提高到某一水準，將導致中國商品的出口市場愈來愈小。中國經濟依賴吸引海外投資與出口而快速崛起，不僅對全球經濟產生巨大的磁吸效應，讓許多國家的製造業工作機會大量流失，同時中國累積的龐大貿易順差也是全球經濟體系失衡的原因之一。金融海嘯發生之後，各國開始思考如何讓工作機會回流而紛紛升高貿易保護，首當其衝的就是中國依賴出口的經濟發展模式，因此中國應該將注意力放在思考軟實力的培育問題，包括價值理念以及制度資本是否具有吸引力與優勢。中國如果想讓美國、日本、歐盟等國的社會更願意接受中國，這種接受應該建立在友善對等與相互尊重的基礎之上，而且理念的趨同將非常有利於中國融入國際秩序。以此來看待中國提出的「和平崛起」就更有意義。

和平崛起是一種承諾，正因爲任何國家都可以作各種承諾，最後世人信不信還得取決於該國的軟實力及其往後的行動。假如外國人開始相信中國是個異類國家，那麼他們在使用中國商品時會有所顧忌，也不會相信和平崛起這種承諾。

其實，「中國模式」與台灣及南韓在七〇、八〇年代成功模式類似，只是中國比台灣與南韓規模要大上許多倍，對全球經貿體系影響更爲深遠。台灣與南韓模式，簡單的說，就是威權政體制下，政府藉剝奪勞工自組工會及罷工權利，容許企業主或財團壓低勞工薪資以提高商品的價格競爭力，再以出口導向策略創造經濟奇蹟。隨著經濟發展，生活愈來愈富有的台灣與南韓民眾開始爭取政治民主，要求在政策形成過程中更多的參與，要求政府賦予社會大眾「發聲」的權利。八〇年代末期，台灣與南韓進入民主轉型過程，除了給予人民取得廣泛的政治權利外，也被允許行使公民權利，使得勞工在勞資雙方議約上處於較為對等的地位，這也是八〇年代後，台灣與南韓勞工薪資大幅提升的原因。

隨著民主化進程，司法體系逐漸取得人民信賴，而資訊的提供與傳播亦日趨公開與透明，這些因素使得八〇年代後期，台灣與南韓服務業成為經濟發展的重心。不同於台灣與南韓模式，中國經濟發展過程中，由於中國價廉的勞動人口過多，貧富差距並未因而縮小，反倒持續擴大。沒有民主，中國勞工運動要挑戰「中國模式」所造成的勞工薪資不易成長以及所得差距日益擴大兩大問題，幾乎不可能。沒有民主，「中國模式」極易落入楊小凱教授所說的「後發劣勢」困境之中，由於後進國家可以輕易模仿，就可快速發展經濟，所以，後進國家會缺乏從事制度改革的壓力。後進國家改以技術知識取代制度變革，以實體資本取代制度資本的累積，更缺乏在制度上做有利於長遠發展的改革動力，結果犧牲了長遠發展的機會，後發反成「劣勢」。中國要補回錯過的改革機會，應儘早完成必要的政治民主制度改革，以糾正「後發劣勢」。否則，過去的發展成就不見得能夠持續延續到未來。

台灣的道路：建立團結社會，發展「共識型民主」的制度資本

二〇〇六年，我曾在一場演講中提及：「台灣今日面臨民主轉型以來最大的危機，是在於台灣已經被兩個極端主義所綁架，整個社會陷入不是藍即是綠，不是統即是獨……這種『非友即敵』的極端對立氣氛中，喪失了辨別是非、理性探討的空間。……這兩種極端主義，對社會和諧、團結帶來不利的分歧。」

藉由這段談話我想點出，造成當前台灣社會分裂的原因不在於貧富懸殊，不在於種族，也不在於宗教，而是國家認同分歧所導致，這是受到長期殖民統治與威權統治之後的歷史遺緒。台灣好不容易在一九八〇年代末期以後有機會展開民主化運動，建立自己的國家認同，化解省籍分歧，但是沒想到台灣依賴代工生產的經濟模式缺乏眞正的經貿自主性，我們的高科技產業不僅高度仰賴國外技術與

市場，更形成彼此低價惡性競爭以搶單的局面，被國際品牌大廠分化而治，最終只好競相外移中國，快速掏空台灣產業基礎，讓「中國因素」更加有機可乘，台灣社會得利於中國與受害於中國的兩邊對立得更加嚴重。這是「場所的悲哀」，也是台灣長久以來無法成為「正常化國家」的悲哀。目睹這些發展讓我更加體會「發展即自由」論點，也就是「政治自由」、「經濟能力」、「社會機會」、「課責透明」與「安全保護」這些手段與目標彼此間互為表裡、不可切割的深刻道理，它們是一個成熟而健全的政經社會體系不同面向的呈現。

台灣的社會分裂與國家認同分歧是造成台灣當前經濟發展困境的深層制度性原因，英國經濟學家舒馬赫（E. Schumacher）便指出：「一個經濟體系倘若缺乏政治獨立與國家認同，就甭談經濟發展！」我們該如何透過民主政治體制來彌補社會分裂？一九七一年諾貝爾經濟學獎得主劉易斯（Sir Arthur Lewis）有深刻的見解。他在數個西非國家擔任經濟顧問期間，目睹民主政治體制無法在這些國家妥善運作，發現原因出在民主「類型」不對，而非民主本身的問題。這些國家多為種族分裂的社會，倘若施行「贏者全拿」的民主類型便會造成政治權力無法共享，進而加深對立分裂。

劉易斯的洞見啓發了政治學「共識型民主」的相關研究。他們共同指出，適用分裂社會的民主體制，應該是包含各種族群的大聯合政府，比例代表的選舉制度，以及讓不同種族享有高度自治。由於社會已經分裂，所以無法依靠文化因素或者少數政治人物的一時發想去形成共識，而是必須積極建立能夠誘導協商以及權力分享（power-sharing）的制度機制，避開贏者全拿的民主模式。此外，研究也發現：施行共識型民主的國家通常在福利制度、環境保護、司法人權與友善鄰邦等方面的表現更加卓越。

由此來看，台灣目前許多重大的政經社會問題，何嘗不是因爲採取錯誤的民主類型所導致？由於「主權在民」的精神未能眞正實現，使得今天台灣人民未能有效阻止政府一連串的戰略失誤。換言之，台灣民主化發展趨向「贏者全拿」的政治模式，制度設計並未充分考量到本身獨特的威權遺緒與社會條件，以致發展至今的民主政治演變成爲一種畸形的「投票箱」文化，人民只在選舉時享有選擇權力，且選擇權因爲單一選區的制度而被限縮，被迫兩極化，小黨的生存空間被封殺，無法反映社會多元價值，且兩大黨因爲權力無法共享，贏者全碗捧去，輸者遭到邊緣化，更加深政黨分歧與社會對立。過去經驗已充分顯示，少數政府或多數政府都不是問題的關鍵，國民黨長期在立法院掌握過半席次，並未讓立法院有權監督行政部門，反成爲專擅行政院的橡皮圖章，政策形成更加黑箱化。

台灣若要避免一場政治與經濟全盤皆輸的災難，把未來命運重新掌握到台灣人民手中，必須重啓體制改造工程，朝向權力共享的共識型民主方向前進。在民主制度是台灣終極價值的前提下，全民應該開始思考民主類型選擇的重要性。共識型民主是台灣實踐權力共享進而修補社會裂痕、解決對立的最佳民主機制。政黨與政治人物若對台灣終極價值缺乏堅定信仰，捨民主而就威權，下場很可能就是讓自己的政治生命變成曇花一現，因爲權力共享的共識型民主已證明是人類理性社會的集體選擇，我相信終有一天會在台灣落地生根。

至於台灣經濟發展應該採取何種路線，我在下一章會有深入探討說明。

第四章

全球化虛擬現時下的台灣

第一章回顧二十世紀得到一個重要的結論：科學、技術迅速發展所引起的資訊網路社會的到來，以及全球化、世界秩序的崩壞，資本主義經濟的失調與變態。人類在這種急速變化，面對調適的困難，世界各國無法適應，採取妥當的措施。台灣人民在資訊網路社會包圍下，面臨經濟失調，失去希望。將來如何調適，這是本章想要檢討的問題。

二〇〇八年國際金融海嘯對全球經濟的影響非常大，各國政府爲了善後忙得焦頭爛額，紛紛端出振興經濟的擴張性財政政策與寬鬆貨幣政策來因應，但是到現在已四年，情勢仍未見好轉，可能還會演變成「二次衰退」，先進國家民間消費的萎縮也影響到依賴出口的國家，使得原本快速成長的中國經濟也開始放緩，甚至出現貿易逆差。這些嚴峻的國際經濟局勢讓台灣經濟前景更是雪上加霜。

南韓也是面對惡劣的國際經濟環境，但是經濟卻脫穎而出，躋身已開發國家之列，各方面經濟表現都讓台灣相形失色，這表示國際因素不是造成今天台灣經濟困境的主因；面對經濟轉型失敗，政府、學界與企業都無法卸責。如果我們對於經濟轉型失敗沒看清楚、深刻檢討，不管往後我們再喊出多少拚經濟的口號，不管我們的人民有多認眞打拚，還是沒辦法擺脫困境。所以，在這裡我要提出

「後金融海嘯時期台灣經濟該何去何從？」，與大家共同思考，希望找出正確的診斷與處方，幫助台灣經濟繼續向前行。

盲目鼓吹全球化與自由化的主流經濟理論亟需修正

實體經濟：全球與台灣製造業過度流失到中國

我們先把問題區分為國際與國內兩個層面。

國際方面，過去三十年在主流經濟學鼓吹下，全球化讓各國只注意到經濟整合與對外開放對提升資源配置效率的好處，而忽略了自由市場理論本身的缺陷，以及全球化下風險管理的難度與規範管制的必要性。國際貿易與對外投資自由放任的結果，使得許多國家製造業的工作機會大量流向中國，中國變成「世界工廠」，這些國家的產業因而被掏空。雖然產業被掏空的後果一時之間被金融與房地產榮景所掩蓋，但由於製造業一旦被掏空，需要很長的時間才能回復，甚至根本無法回復，所以二〇〇八年金融海嘯發生之後，金融服務與房地產業的勞動需求受到衝擊而持續減少，以致即使政府不斷印鈔票，也無法創造足夠的工作機會，各國的失業率不減反增。

此外，整體消費與需求不振也使得許多人因爲遲遲找不到穩定的工作或就業前景不佳，開始減少消費，進而造成整體需求不足，影響企業投資意願。加上全球化惡化所得分配，使得財富集中在少數人手裡，中產階級陷落而窮人增加，青年世代面臨高失業的困境。這些不利因素彼此間加乘擴大，說明了爲什麼金融海嘯之後，先進國家政府端出各種刺激經濟的振興方案至今仍無法奏效。

國內方面，台灣參與全球化逐漸形成「台灣接單，海外（中國）生產」模式，這個模式對台灣經濟產生多重的不利影響。首先是產生「跨國勞動替代」的現象，台商大規模雇用中國勞工取代原本在台灣工作的勞工，以致國內工作難找，薪資不漲，使得台灣現有三百多萬名薪資階層的月薪被長期壓低在三萬元以下，而且實質薪資因物價膨脹而持續縮水。由於企業有了「外移出走」的選項，導致國內勞工薪資不僅不易成長，更要接受長工時的勞動條件。

其次，是對國內投資與創新產生「排擠效應」。台灣位居國際技術位階的中間地帶，正需要大量的資本與研發投入來進行產業升級，但是廠商超額投資中國對國內投資卻產生幾乎一比一的排擠效果。以一九八八—二〇一〇年間爲例，台灣海外直接投資的規模高達GDP的二%，日本與南韓的規模卻不到一%。從海外直接投資相對於國內固定資本形成的比率來看，台灣的規模爲八·四八%，日本只有三·七二%，南韓爲二·六三%。光是從這兩個指標本身的相對值便可推知，台灣的國內投資受到海外投資的排擠而受影響的程度十分嚴重，研發投入與產業升級所需的資金受到強烈排擠。至於海外投資的區位選擇，如果以先進國家爲主，則有助於技術與創新，但由於台灣對外投資過度集中在中國，無法成爲創新的泉源，因而弱化了經濟學家熊彼德所強調「由經濟本身內部的力量，改變外在限制條件」的經濟發展機制。

第三重不利影響是台商超額投資中國對國內工業基地與產業鏈的完整性所造成「毀滅性破壞」。部分企業規模因外移而擴大後，原本留在台灣的產業鏈，也被迫外移中國以就近服務這些廠商，因而出現「斷鏈」現象。美其名是「兩岸分工架構」的力量，實質上破壞台灣原本比較完整的產業鏈，讓產業結構轉往少數生產中間財的產業集中。一時之間，這些產業看似出口暢旺，但是等到中國成功發展進口替代產業之後，本身就會被替代，這也是爲何現在台灣對中國出口衰退最為嚴重的原因。發展經濟學家努克斯（Ragnar Nurkse）早在半個世紀前便提出強烈警告：落後國家政府採取不當的自由開放政策，將造成產業結構過度集中在少數產業的高度風險。兩岸分工架構讓台灣陷入當今的困境，驗證了努克斯的遠見。

第四重是對國內消費力量的傷害。上百萬台灣中高階管理幹部與高科技人士跟著外移中國，台灣少了這些民間消費主力，加上留在台灣的薪資階層又普遍面臨薪資不漲與工作難找的困境，導致台灣民間消費不振，最後只能依賴出口做為經濟成長的動能。台灣經濟愈依賴出口，就愈不穩定，愈容易受到國際景氣的影響。

台灣與兩岸經貿發展證實「負面經濟整合」理論

對國內民眾而言，全球化理論是否行得通已不只是純學術研究或討論的課題，主流經濟學者所強調的效率與鬆綁也不再只是抽象的概念，而是對人民福祉造成最直接的威脅。政府存在的目的便是解決人民生活的問題，政府不能以「人民不懂經濟學」而要強迫人民接受全球化所產生的痛苦。事實上，早在一九五〇年代歐洲開始在醞釀歐盟整合的時候，經濟學家梵那（Jacob Viner）便提出更細膩的分析，指出自由市場理論認爲經濟整合有利於效率提升的盲點，他提出證明，經濟整合有可能對參與國乃至全世界的生產效率造成負面效果。一九六九年第一屆諾貝爾經濟學獎得主亭博根（Jan Tinbergen）也曾提出「負面經濟整合」的概念，強調社會經濟制度差異很大的國家（例如台灣與中國）如果進行經濟整合會帶來許多災難。晚近的國際經濟整合理論也不斷提出警告，認爲經濟整合對於經濟規模小的國家而言，其實非常不利。

這些富含睿智的經濟分析與警語都被淹沒在甚囂塵上的全球化與自由市場學說，推崇「大市場、小政府」的市場基本教義派在一九九〇年代以後躍爲各國政府的經濟政策「霸權」，各國官員與學術菁英懷抱著自由市場的迷思在制定政策與教育社會大眾以及下一代，加速了全球化運動、歐盟整合與兩岸經濟整合的腳步。但是現實的發展已經清楚暴露了市場基本教義派的嚴重謬誤，全球化與自由化運動創造了一個極度失衡的國際經濟體系，最終演變成二〇〇八年的全球金融海嘯，以及至今依舊難解的「歐債危機」與「二次衰退」。

對國內而言，自由化與兩岸經貿讓台灣經濟體系陷入嚴重失衡的狀態，這些失衡主要表現在三方面：

一、產業結構與所得分配失衡：兩岸分工架構讓台灣產業結構集中於缺乏關鍵技術的少數產業，不僅造成國內投資不振、工作機會減少、勞工薪資停滯，而且使台灣容易受國際景氣與中國進口替代產業興起的影響。另一方面，政府政策淪為既得利益的角力空間，而非創造市場與產業願景，使得國內資金配置與產業政策的稅負優惠集中於特定產業與少數財團；政府干預的方向嚴重錯誤，除了直接傷害到課稅與分配正義之外，也使得國內人才訓練扁平化，生產單調化，而廠商對研發投入的意願普遍低落，更加不利國家創新體系的形成。

二、區域發展與糧食自給失衡：政府長期忽略中小企業與中南部，陷入高科技與金融產業的迷思，導致工作機會集中於北部，供需失調及熱錢湧入的結果，大台北都會區房價一直漲，年輕人與一般中產階級望屋興嘆。而政府犧牲農業換取工業出口的政策，不僅貧弱化農村地區，對農業部門產生重大傷害，同時也形成一方面鼓勵休耕廢園，另一方面卻依賴糧食進口的荒謬現象。目前我們的糧食自給率只勉強維持在三成以上，遠低於國際水準；在地球暖化與氣候變遷惡化的結構下，目前台灣如此嚴重的區域失衡，讓我們連生存最基本的糧食安全都無法確保。

三、環境生態與價值理念失衡：我們過去的經濟發展思維只重產值，忽略了與生態環境共存共榮的永續觀念；長期剝削環境資源的結果，導致「利潤私人化、污染社會化」，嚴重破壞環境生態與國人健康。這個結構不僅加深台灣對於進口能源與核能的依賴，也妨礙台灣轉往綠色經濟的發展。歸根究柢，我們過去的心靈改革沒有成功，整個社會只重視眼前的物質生活與享受，而忽視追求符合永續發展原則的價值與理念；集體社會短視近利的結果，反而使得經濟體系喪失產業持續創新的動能。

金融資本：金融全球化瓦解了各國的金融防火牆

金融過度自由化更是造成金融海嘯的罪魁禍首。金融全球化之前，世界某區域的經濟遭受景氣衰退的襲擊，其他區域仍能維持穩定，但這次景氣衰退則是全球性蔓延，沒有一個主要國家得以倖免，因爲攸關國家經濟安全的金融防火牆早因金融全球化的風潮而瓦解。二〇〇八年金融海嘯與二次衰退之所以難以預防與彌補，正是過去十年來金融服務業過度自由放任的結果，先進國家龐大的投資銀行與避險基金體系基於貪婪，以「金融創新」爲名，開發出許多完全不具透明度的金融衍生商品，不僅本身交叉持有，更強迫開發中國家開放其國內金融市場以兜售這些商品。數額很大，範圍很廣，以致當這個金融衍生商品體系一開始在美國崩盤的時候，會在瞬間蔓延全世界，而監督國際金融體系運作的國際貨幣基金（IMF）則完全喪失功能。

國際金融機構普遍流行的「假創新、眞詐欺」行爲，除了強力推銷金融衍生商品之外，更共謀操控全球金融據以計算參考的基準，也就是銀行間的拆借利率。二〇一二年爆發的英國巴克萊銀行（Barclay）醜聞，便是和其同業共同涉及從二〇〇五年開始虛報倫敦銀行間拆借利率（Libor），以確保自身在衍生性商品的押注能獲利，並掩飾不良的財務狀況。這種國際金融界集體舞弊的現象，讓「市場自律」的神話不攻自破。

從一九八〇年代以來，「解除管制」與「市場自律」一向是全球金融業對外政策遊說的重點，如此一來既可讓市場力量發揮最大效率，使閒置資金獲得最好的運用。不僅需要融資的產業可以受惠，投資人也可獲得最好的報酬。絕大多數的決策官員與一般社會大眾，不明究理接受如此美好的「雙贏」論調。金融監理政策於是朝向「鬆綁」的趨勢演進。

然而，在一切為獲利，特別是在以季和年為單位的短期衡量方式下，金融業的高階經理人無不想盡辦法衝高短期獲利，以換取財務報表與股價的好表現，來換得個人優厚的紅利與報酬，而非資金的真正有效運用與風險控管。結果就是不顧一切進行高度投機性的投資，扭曲市場規則，唬弄投資者與一般民眾，棄公眾利益於不顧。一旦出事後，因為「太大而不能倒」，對整體社會的衝擊非同小可，政府只好用納稅人的錢去援救。

這種「獲利個人化，損失社會化」的不公不義現象，從二〇〇八年金融海嘯爆發之後至二〇一二年英國巴克萊銀行醜聞，已經充分攤開在世人的眼前。更令人憂心的是，世界各國的民主體制普遍存在政治與金權掛勾的壟斷性結構。各國政府與政黨接受來自金融業者的巨額政治獻金，使得民主國家的公共政策領域任業者擺佈，金融法規制度的制定往業者的利益傾斜；金融業的勢力甚至大到可以影響選舉結果，以致具有實質意義的金融改革往往無法推動。

金融海嘯促成主流經濟理論的演變

面對當前的全球金融危機，國際知名經濟學者如斯蒂格利茨（二〇〇一年諾貝爾經濟學獎得主）、克魯曼（Paul R. Krugman，二〇〇八年諾貝爾經濟學獎得主）、懷特（William White，國際清算銀行前首席經濟學家）、格爾威（Paul De Grauwe，歐盟執委會經濟顧問）等都認爲：當前主流經濟學理論過度強調自由開放的好處而忽略風險管理的重要，這些理論必須爲這次全球金融危機負起責任。

以下是世界金融海嘯前後經濟學思維的轉變。

在金融海嘯發生之前，鼓吹市場機制完美，市場基本教義派當道：

- 理性預期（rational expectation）與效率市場假說（efficient market hypothesis）深信市場機制可讓價格維持完美的機能。理性預期理論假設資本市場參與者皆爲理性經濟個體，且以理性預期做爲決策基礎；至於效率市場假說則認爲，由於投資人只對追求自己財富的極大化有興趣，並能以理性方式對資本市場中各種資訊做正確分析與回應，所以，新資訊會立即反映在價格上，使得資產價格對所有市場參與者釋出足夠的訊息以彌補他們訊息的不完全，資本市場不僅能自我偵錯，還能自我修正。

- 只要貨幣政策目標追求物價穩定，就可以確保金融體系穩定，不用對金融體系過分管制與規範，鬆綁成爲提升資本市場運作效率最有效的工具。
- 主流經濟學者認爲：只有市場存在外部性的時候，政府才需要介入、管制與規範。他們爲了強調鬆綁的必要性，大力鼓吹資本市場不存在外部性，因爲資本市場具有自我規範（self-regulation）的機制。尊重資本自由移動所創造的效率，政府管制資本不僅欠缺正當性，而且也會沒有效用。

在金融海嘯發生之後，證明這個理論並非眞理：

- 資本市場不是商品市場，在貪婪的利己心和非理性行爲之下，如果放任市場自由運作，金融性資產價格將更容易脫離基本面且波動變大，資本市場整體風險上升。
- 物價穩定無法保證金融體系運作的穩定。如果放任金融體系信用過度擴張以及資產價格任意膨脹，將會招致金融危機的後果。

• 如果過度誇大資本移動的優點，只會擴散伴隨資本移動而來的危機。應該承認資本管制具有正當性，而且是有效的政策。

根據金融危機後的思維，過去主流經濟學理論都應該修正，政府在制定經濟政策時也應該深切反省與檢討。

台灣經濟兩大核心目標：經濟安全與永續發展

顯然，我們政府並未汲取全球金融海嘯的教訓，忽略金融海嘯後國際經濟思潮的反省與修正，政府也沒有認知到解決金融海嘯對國內經濟衝擊最有效的方式是重新建立以經濟安全爲核心的永續發展體系。由政府出面主導，善用法律架構與市場機制，將發展再生能源與綠色產業（包含農業）視爲兩大支柱，把國民儲蓄所匯集的龐大資源用於人力投資，以及維持技術優勢所必要的研發投資；透過這些手段與目標來確保經濟成長的動能，而不是透過資本市場舉借、發行消費券或從事重大公共建設。

雖然，適度的金融與貿易自由化有利於經濟發展，然而，無限上綱的自由化卻會危害國家經濟安全，因爲資金、商品與人員跨國移動的難易程度各有不同。全球化下，商品、資金及技術的跨國移動變得更自由，去除各種政治性、貿易性障礙後，商品市場已經不受政治疆界的限制，各主要市場也逐一整合爲單一市場。然而，全球化卻不能讓每個人可以自由選擇國家，絕大多數國民的經濟活動還是在國家的領域內進行。因此，對於可以在國際間自由移動的資源擁有者來說，全球化是機會，但對於其他人，全球化則是風險與威脅，造成贏者圈與輸者圈差異日益擴大，社會趨向對立而終至崩解。此時，政府的施政目標應該在贏者圈與輸者圈間維持適度的平衡。

然而，政府卻將適度的自由化曲解爲自由放任，認爲政府完全不應對市場進行干預。這種自由放任思維傷害台灣經濟最深的莫過於二〇〇〇年後，政府屈從個別企業的要求，全面開放廠商赴中國投資，卻不考慮開放後對社會經濟所造成的負面衝擊，放任並鼓勵金融機構前進中國，以及積極開放中資來台從事投資與併購，忽略了開放中資對維持國內技術優勢的衝擊，更忘了構築金融防火牆與監理體系必須與時俱進的重要性。

政府深陷自由放任的迷思，縱容商人無限制追求個別利益，讓財團的商機判斷取代了國家發展方向，而讓大部分台灣人民承擔自由放任後的社會惡果，罔顧國家經濟安全與長遠整體利益，以致讓台灣的社會經濟形成多重危機：第一重危機是，整體經貿對中國市場過度依賴導致台灣喪失經濟主體性；第二重危機是，過度投資中國導致工作難找，薪水不漲，以及貧富差距擴大；第三重危機是，自由放任迷思導致政府施政失焦，實質競爭力衰退；第四重危機是，過度依賴進口能源與糧食；第五重危機是，金融服務業凌駕實體經濟的扭曲發展。這些危機彼此互相強化。

問題危機：對中國過度依賴，導致產業掏空，技術流失，發展動能衰退

對策：維持技術優勢以確立經貿自主

「台灣接單，海外生產」的發展模式，看似對個別企業有利，但就台灣整體利益而言，就像是浮士德用靈魂與魔鬼從事交易一樣，以發展主體性換取少數財團與大企業的經濟利益，以致經貿過度依賴中國。

台灣廠商在七〇年代採取「降低成本」策略，利用先進國家開放國內市場的

機會，全力發展勞力密集商品出口，造就經濟奇蹟。這段期間台灣出口成長帶動經濟成長，而出口部門擴張也帶動投資與勞動需求的增加，使得勞工薪資所得跟著成長，此時，經濟成長主要驅動力是民間消費與國內投資。到了八〇年代末，台灣進入民主轉型期，面對勞動、土地與環保成本上漲，不少台商選擇到中國複製過去在台灣成功的經驗，以擴大在中國生產規模取代企業在台灣轉型，到中國複製過去在台灣成功模式的廠商，因為缺少在國內轉型升級的壓力，以致原先的技術優勢逐漸為南韓超越，被中國趕上，終致喪失國際競爭力。當廠商投資中國取代投資台灣，國內投資不再成為經濟成長的驅動力，也影響到台灣工作機會創造的速度，加上「海外生產」模式等於是讓廠商以海外低廉勞工取代本國勞工，關廠歇業讓現有的工作機會大量減少，這是二〇〇〇年後台灣薪資不易成長，工作難找最重要的原因。

固然，台商海外生產所需的機器設備、半成品以及原物料帶動台灣出口與經濟成長，但海外生產讓國內勞工薪資不易成長、工作難找，導致民間消費不再是經濟成長的泉源。短期內，海外生產雖讓台灣出口集中在原物料、半成品以及機器設備，長期下來，出口產品愈來愈集中於低附加價值、高耗能與高污染的產品，而且生產單調化，更容易讓台灣經濟受到國際景氣波動的影響。

同時，產業大量外移中國等於間接協助中國發展進口替代產業。近來，台商已逐漸減少從台灣進口在中國生產所需的原物料、半成品與機器設備，未來台灣出口將不再是經濟成長的主要動能。舉例來說，一九九〇—二〇〇〇年間，台灣出口年平均成長率爲一二・六%，到了二〇〇〇—二〇一〇年間就降爲八・八%，二〇一二年一到八月台灣對中國出口更較去年同期衰退八・七%，以致整體出口出現負成長四・六%。這些現象說明了「台灣接單，海外生產」的模式未來將進一步掏空台灣產業，讓台灣陷入經貿依賴中國、成長動能集中於出口且動能減弱以及社會裂解的嚴重困境，這些必須靠確立經濟發展主體性以及維持技術優勢才能扭轉。

問題危機：過度投資中國導致工作難找、薪水不漲、貧富差距擴大

對策：創造工作機會才是縮小貧富差距最有效的方法

失業與貧富差距的擴大，已經成爲當前台灣薪資階層痛苦的根源。二〇〇〇年後，台灣國內生產毛額（GDP）年平均成長率雖然超過三%，但是經濟成長並未轉換爲大多數家庭所得的成長。金融海嘯後，台灣所得最低四〇%的家庭，可支配所得呈現衰退現象，而且這些家庭的儲蓄能力普遍有限，部分更出現入不敷出的透支狀態，顯示不少家庭已無能力再應付物價膨脹或國際景氣波動所帶來的衝擊。這些家庭對未來的工作與所得成長抱持強烈的不安全感，只要看到工作機會沒有顯著增加，就會對未來的前途感到深切憂慮，看到所得沒有增加，就擔心社會經濟地位持續弱化。只要大多數民眾無法充分享受經濟發展的成果，他們就會對全球化開始懷疑。如果政府不能解決這些家庭社會經濟地位持續惡化的問題，這些中下階層的人民可能轉而參與階級對立與顛覆現有政治體制等激進社會運動。民主政治制度如果不能爲人民提供公平正義或均等機會，將會導致他們對民主政治制度失去信心。

工作機會消失與薪資所得成長停滯是因爲廠商過度追求「降低成本」的策略，強調「海外生產」對個別企業生存與發展的重要性，忽略創造價值與維持技術優勢的重要性。民進黨執政期間全面開放，使得台灣廠商赴中國投資金額占台灣GDP由一九九九年的〇．五%，一路快速上升到金融海嘯後的二．五%。馬政府與中國簽訂ECFA後，由於台灣與中國間關稅障礙已大幅降低，上市

（櫃）公司基於中國市場規模以及低廉的生產成本，選擇到中國投資生產，導致上市（櫃）公司投資中國金額屢創新高。資金持續外移的結果，國內投資當然不振。由於台灣對先進國家的投資不足，導致廠商引進新技術、建立自有品牌與行銷管道速度不夠，自然無法帶動勞工薪資所得的成長，未來家庭所得差距還會擴大。

當前台灣的經濟問題不是經濟沒成長，而是近年來家庭所得成長停滯。目前政府縮小貧富差距優先的工作，不是針對有錢人進行「抓大放小」式稅改，而是要針對產業外移進行有效管理，如此才有可能把ＧＤＰ的成長轉化爲多數家庭所得的增加。雖然家庭所得無法和經濟同步成長是全球化普遍現象，由於台灣與中國的經貿關係過於密切，這種現象才會變得如此嚴重。

問題危機：自由化迷思導致政府施政失焦，實質競爭力不斷衰退
對策：鞏固中小企業的創新能力，促進產業聚落的技術生根

二〇〇〇年後，政府時常引用瑞士國際管理學院（ＩＭＤ）或世界經濟論壇（ＷＥＦ）所發佈的各項世界競爭力排名當作政績，但對於其中所隱含的自由化迷思卻不具警覺性。事實上，這些國際競爭力排名主要是依據每個國家對外資的開放程度。台灣經濟對外開放程度的排名雖然名列前茅，卻沒有反映在外人直接來台投資金額、國內投資、工作機會創造以及薪資所得成長等實體經濟表現上。由此可見，自由開放程度的排名不必然等於一個國家眞正的經濟實力，不然，台灣的經濟實力應遠遠在南韓之前，因爲二〇一一年台灣國家競爭力排名世界第六，而南韓只排名在第二十二名。

仔細比較台灣與南韓各項經濟成長表現與產業技術能力，南韓政府與企業的表現令人汗顏。同樣經歷金融海嘯以及現在的二次衰退，南韓的失業率比台灣低，薪資所得成長比台灣快，出口比台灣強勁。長久以來，南韓在國際市場上一直是台灣的主要競爭對手，但台灣現在已經望塵莫及，原因之一就是政府過度沉迷於自由放任，政府將應該負起引導產業發展的責任推給市場，坐視國內技術優勢流失，放任商人追逐短期近利，誤以爲只要自由開放就能帶來經濟成長。而南韓卻知道實質競爭力源自技術優勢的維持、品牌創新與深厚的產業基礎，舉國共同努力，採取「先占領國內市場，確保競爭力，再進軍國際市場」的策略，由此打造出電子、資訊業、重化工業等具競爭力的產業組合，終於突破開發中國家的瓶頸，正式躋身已開發國家之列。

此外，政府也過度迷信自由貿易協定（Free Trade Agreement, FTA），以為這是解救台灣經濟的萬靈丹，不惜犧牲主權尊嚴與國人健康安全以求取簽訂FTA的門票，更援引南韓與美國、歐盟等國簽定FTA的事例強迫國人接受不合理的外國要脅，卻忘記南韓是在確定其產業深具國際競爭力後才去洽簽FTA，我們的政府卻倒果為因，在放任國內資本形成不振與技術優勢流失之後，再來寄望FTA以強化經濟實力，這無異緣木求魚。

政府過度鼓吹FTA的重要性，以致產業政策嚴重失焦。FTA固然會帶來短期效益，但長期而言，最重要的還是我們企業的創新能力，以及產業聚落的技術生根。過去台灣經濟最輝煌的時代，中小企業可說是創造奇蹟的頭號功臣。中小企業妥善利用國際貿易所帶來的市場需求與商業資訊，積極尋求跨國的技術轉移與管理新知，關注各種產品的創新，洞察商機與發展潛力，把握機會，進行新市場的開發，因而提升台灣產業整體的競爭力。

所以，「創新」可說是台灣經濟發展的原動力。企業家透過創新才能獲得利潤，並帶動整體經濟發展，正是這些企業家不斷創新的「創造性破壞」過程。透過創新，可以更新現有技術與商品。進入成熟階段的產業如果不進行創新，不久就會成為殘存的夕陽產業。但即便是傳統夕陽產業，也可能因為新技術與新行銷理念的注入，而提高產品的價值，進而獲得生命周期的更新，邁向另一個新發展期。經濟體系內的任何產業，其發展期與成熟期都不同。因此，不論任何時期都有產業處在發展期，也有產業處在成熟期，發展與成熟交錯存在，政府必須思考如何不斷引發創新，特別在產業更新、青黃不接的時候，不能任其外流，政府必須扮演更積極的角色，運用各種不同的政策工具創造市場與需求，串接產業鏈，以維繫經濟發展動力。

維持技術優勢才是一個國家最重要的「長期動態發展能力」，政府產業政策的焦點應該放在如何凝聚並強化此一動態發展能力，讓不同的產業彼此間能生生不息、互相支援。其中，發展產業聚落的概念非常重要，不管是上中下游的生產基地，還是平行的產業聚落，彼此間的關連度愈強、愈完整，就愈有競爭力，也就愈能確保整體經濟體的長期動態發展能力。此時，政府應對產業外移採取有效管理措施，以避免產業聚落的完整性遭到不可回復的破壞。

反過來說，如果高科技產業，只是依賴進口國外關鍵零組件加以組裝，對於附加價值的創造與在地工作機會的貢獻可能微乎其微。所以，「高科技」不等於「創新」，傳統產業也可以創新。過去政府對高科技錯誤的迷思，所推出的產業政策反而傷害到我們的中小企業與傳統產業，這是不對的做法。

面對中國強大的磁吸作用，目前留在台灣的中小企業與產業聚落，才是台灣珍貴的資產，這些企業主爲了繼續留在台灣打拚，繼續照顧員工，而不斷進行升級與創新。政府政策應該放在如何以資金協助這些中小企業持續進行創新與轉型，未來台灣經濟能否持續發展，端賴這些根留台灣的中小企業如何繼續發揮創新能力。目前政府對他們的營運與轉型都沒有提供充分協助，其實光是在生產的廢棄物處理方面，政府就可以更積極加以輔導，甚至結合最新知識技術的發展，把廢棄物「資源化」，創造出更多的產業與工作機會。個別中小企業的力量很難面面俱到，這正是政府可以介入協助之處，而不是高高在上扮演規劃新興產業的指導角色，現代公務人員應該更積極地去求取最新知識，以協助中小企業解決轉型與營運的問題。與大企業相較之下，中小企業產值雖不算大，但中小企業是維持並創造工作機會最重要的支柱，如果政府對中小企業不積極協助，不僅失業問題難以解決，台灣經濟的支柱也會受到侵蝕而塌毀。

問題危機：過度依賴進口能源與糧食，置國家經濟安全於不顧

對策：政府主導建構永續發展經濟體系，積極發展再生能源與健康農業

很多人認為台灣農業不具國際競爭力，加上只重國際貿易，輕忽國內貿易，在國際貿易談判時台灣的農業總是被犧牲，導致目前超過四分之一的耕地休耕或廢耕，而糧食自給率則降到三二%，遠低於國際水準；也有不少人認為台灣只需依靠進口石油與煤等化石燃料做為主要能源，能源自給率只有千分之六也無所謂。這種思維已經到了必須徹底改變的時刻。

不論經濟發展到什麼階段，農業才是維持一個國家生存最關鍵的部門，一九七四年諾貝爾經濟學獎得主米爾達（Gunnar Myrdal）更指出：「決定長期經濟發展勝負的關鍵，正是農業部門！」然而，現代化農耕建立在化學肥料、化學農藥與基因改造作物之上，不僅破壞環境生態與生物多樣性，而且危害農民與消費者的健康，我們必須調整農業發展方向。農業不僅生產糧食，它還有帶動經濟成長、提供工作機會、維護環境生態，以及促進社會安定等戰略價值，不能單純從產值的角度來窄化其重要性。

特別是在地球暖化嚴重、極端氣候愈趨頻繁的今天，確保糧食安全已經躍居許多國家的首要施政目標。極端氣候造成世界各地不時傳出水災與旱災等災情，人類的農耕活動與收成首當其衝，加上全球人口還在快速增長，以及很大比例的糧食轉作生質燃料的排擠效果，使得糧食價格的波動也愈來愈劇烈。二〇一一年七月，經濟合作暨發展組織（OECD）與聯合國糧農組織（FAO）聯合發表的「二〇一一—二〇二一農業展望」便預測高糧價將成爲未來趨勢，英國樂施會（Oxfam）更預測未來二十年內糧食價格將比現在高出一至兩倍之多。這個脆弱的糧食供需結構其實很難跟全球化分工貿易體系並存，每當主要糧食生產國家陷入歉收而降低糧食安全存量時，便會採取限制糧食作物出口的措施，這個「合情合理」的舉動不僅造成國際糧價的飆漲，更直接危及像台灣這樣高度依賴糧食進口的國家之基本生存。何況，目前國際糧食交易已經有九成之多掌握在三家跨國農企業的手裡，形成寡占結構，更增加糧食貿易體系的不穩定性。

顯而易見，過去台灣爲了多賣些工業產品到國際市場上而犧牲農業部門的政策，已經到了必須徹底改變的關鍵時點。未來人類爲了爭奪糧食，將會發生許多激烈衝突。我們過去依賴進口糧食的經貿體系已不再可行，政府應該想辦法建立一個可自給自足的糧食生產體系，降低進口依賴。現在有許多年輕人帶著新觀念與新技術返鄉耕種，也有人利用雲端網路幫助農夫銷售農產品，這都是很好的現象，有助於農業創新。政府制定農業政策應該要特別維護小農權益，鼓勵資源循環利用與在地產銷，特別是學校午餐的食材應該由當地農民供應，協助在地農業的發展。

至於能源政策，政府應該積極鼓勵再生能源的發展，歐洲發展的先例已充分顯示：在因應氣候變遷、確保能源安全、提高經濟效率、創造工作機會、促進產業結構調整等五大方面，再生能源產業都有重大戰略價值，德國甚至將之設定爲第三次工業革命，連中國都急起直追，而我們的政府卻漠視發展再生能源的重要性，長期而言必定會付出很大的代價。

再生能源對台灣最獨特的意義，在於它顛覆台灣天然資源匱乏、只能依賴進口石油或發展核電的刻板看法。從國外技術已經非常成熟的太陽能、生質能與風力發電三大領域來看，台灣的天然資源很豐富，若能妥善發展，我們不僅可以減少進口石油或依賴核電，更能建立新興產業，出口相關設備與技術。另一方面，如果政府遲遲找不出再生能源發展策略，依目前台灣每年平均每人約十一公噸的碳排放量與國際的碳稅行情來計算，未來須向國際繳納的「碳稅」每年將高達數千億元。事實上，二〇一一年開始，台灣已有六十三家企業被國外合作夥伴要求「碳揭露」，如果我們繼續在溫室氣體減量交不出成績單，將會淪爲先進國家懲罰的對象。

歐洲國家發展再生能源的經驗非常值得參考：一九七三年第一次石油危機發生後，瑞典與丹麥便開始對依賴石油而發展的模式心生警戒，積極投入再生能源的研發與運用。特別是丹麥，即使擁有北海油源，也積極發展風力與沼氣發電，而且徹底反核，境內沒有一座核電廠。丹麥國民支持這些政策是著眼於石油資源總有一天會用完的長遠眼光，而且知道化石燃料與農牧廢水的污染都能透過再生能源的發展而降低。這些國家積極維護能源自主性與經濟永續發展，不因國家小、人口少而喪失走在世界前端的志氣，長期投入研發，善用法律架構與市場機制來創造供給與需求，因此今天才能在綠色科技締造非凡成就，讓歐洲其他大國跟進。反觀我們政府，置國家經濟安全與能源、糧食安全於不顧，也不注重環境永續與工作機會的創造，只是追求依賴式的成長，反而喪失了綠色新興產業發展的契機。

問題危機：金融服務業凌駕實體經濟的扭曲發展
對策：重新界定金融體系與實體經濟的主從關係

金融海嘯起因於歐美金融機構的貪婪，加上政治人物與經濟學者過度誇大金融體系鬆綁的效果，認爲資本市場參與者理性決策就能讓資本市場不僅能夠自我偵錯、自我修正，甚而強調鬆綁有助於資本市場效率的提升，卻忽略金融體系的基本功能在於：支持實體經濟的發展，爲生產性活動提供足夠的支付、信用與避險工具以促進經濟繁榮並降低風險，以及將國民儲蓄所匯集龐大資金引導至國內資本形成與技術變革。實際的發展情況卻是本末倒置，金融服務業追逐短期利益的邏輯超過了實體經濟所需的長期投資，因爲過度鬆綁而交投熱絡的股市、金融商品與房地產固然創造短暫榮景，但也形成愈吹愈大的金融泡沫，一旦泡沫化之後又會出現投資機構集體奔逃而造成資產價格過度下跌、金融機構瀕臨倒閉而危及實體經濟部門的現象，形成「系統性風險」。而且，金融機構已經整併形成「大到不能倒」的局面，架空市場機能，迫使各國政府投入龐大資金拯救這些金融機構，更破壞市場紀律與加深道德風險。

金融體系不應該是只為了貪婪的金錢遊戲而存在。不少人看到金融服務業附加價值占GDP比重因經濟發展而持續上升，就鼓吹鬆綁能讓金融部門的發展帶動經濟成長，結果金融部門的角色由協助實體經濟發展變為主導經濟發展。未來，我們必須重新界定實體經濟與金融部門的主從關係：以實際從事生產性活動的農業與製造業為主，以金融服務為從。政府金融政策不能只是鬆綁，有新的金融商品就應該有對應的金融監理機制，這樣才有辦法將國際金融危機阻隔於外。金融部門功能應是將國民儲蓄導入國內資本的形成，特別是維持國內製造業技術優勢，以及創造國內就業機會。不管是從事研發、創立品牌、引進國外先進技術，還是技術在國內生根都需要大量資金，但目前用於促進產業升級、技術生根與創新研發的資金實在過於不足。

結語

政府最基本的責任在確保國家經濟安全，而國家經濟安全的目標在於增進一個國家在國際經濟體系中生存與發展的能力，其中兩大支柱就是以經貿自主確立發展的主體性，與以技術優勢維持成長的動能。

台灣身爲小型開放經濟體，雖沒有能力主導或改變國際經濟的遊戲規則，但國家領導人要有堅定的發展的主體意識，否則台灣在全球經濟汪洋大海中就會淪爲漂流木，無方向的航行，無動力的漂泊，讓台灣的民眾對未來不再有希望，面對不確定性充滿恐懼與不安。所以，當務之急就是以國家經濟安全的概念，打造台灣成爲一艘安全又有續航力的諾亞方舟，而非一味追求數字的成長，像鐵達尼號爲求快而忽略了安全，結果一撞到冰山便沉沒。經濟發展不能只強調自由開放而忽略國家經濟安全，不能只重視出口而忽略農業與能源自主的重要性。

過去我們對於自由市場有太多的迷思，把許多屬於國家的責任丟給市場解決，未來政府應積極保障全球化下人民維持基本生活的權利，恢復人民對市場經濟的信任，讓這艘船上的乘員都體認到生命共同體的眞實。唯有如此，台灣社會才能重新找回國家的榮耀感，到達我們的命運之地。

經濟開發主義下的成長掛帥，往往帶來長期積累成嚴重矛盾的所得問題、分配問題，以致人的勞動行爲從人的白我實踐「異化」出去。未來，或許我們應該回到經濟學的起點——倫理學——來思考，致力思考人如何擺脫「勞動所得→累積資本→剝削他人」的枷鎖，盡可能創造每個人都能自我實踐的條件，人類互助克服物質欲求，以追求精神性總體揚升。

第五章

台灣的危機與解決之道

嚴峻的國際經濟局勢讓台灣經濟前景雪上加霜。我們在第四章針對台灣經濟在後金融海嘯應該何去何從，已經做了相當詳盡的分析檢討，提出實際的建議措施。但是在目前的政局下，似乎即使認眞打拚，也無法擺脫困境。最主要的問題就是出在領導無方。

整體來看，台灣正遭遇前所未有的危機和困難處境，依照個人觀察，可歸納出五點：

一、台灣民主化發展出現停滯狀況，是什麼時候開始停滯的？
二、台灣目前面臨的危機，根本結構是什麼？最大危機在哪裡？
三、危機結構之中的各種問題，如何面對？
四、如何解除台灣的危機？
五、台灣政局該如何調整？

解決台灣的危機，方法應該有很多，不妨讓各方面針對這個問題彼此討論，找出解決方案。在此先就以上五點問題，分別來探討。

民主化的發展與停滯

台灣民主改革的成功和經濟的驚人成長一樣，長期以來備受國際矚目。在推動台灣民主化過程中，個人主政期間領導國民黨經營政府，傾聽人民關於民主的聲音，尊重其主體意思，不斷推動改革，當時在野的民進黨也主張改革，因此，朝野兩黨雖有競爭，但基本上就改革而言，目標是一致的。

也因爲全力投入改革有了成效，台灣威權政治體制解體，民主制度愈走愈穩健，一九四〇年代以來持續緊張的族群問題，也隨著民主化逐漸消解。換言之，以一九九六年的總統直選爲分界點，台灣已擺脫威權政治體制與威權主義，轉型爲民主主義國家。二〇〇〇年總統大選，在野的民進黨候選人陳水扁贏得總統大選，台灣民主發展，得到進一步的鞏固。

這代表什麼意義？簡單講就是，政黨輪替代表台灣政治板塊滑移，也就是政治主導權從國民黨手中移到民進黨手中。政權和平移轉，這本身就代表台灣民主化進程，往前又走了一大步。從一九九六年到二〇〇〇年，台灣可說已完成民主化發展。只可惜，從二〇〇〇年到二〇一二年之間，民主化又停滯了。

民主化爲什麼停滯，這是台灣陷入困境的關鍵問題。

二〇〇〇年總統大選，雖然陳水扁領導的民進黨取得政權，但因爲沒有取得國會過半數席位，仍舊是少數黨，國民黨與親民黨等在野黨占據國會多數，這是民主化停滯主要的原因之一。同時，因爲民進黨無法順利推動政策，國會運作狀況非常不順，結果竟導致民進黨連不需經過國會通過的事項都不敢做。只能說，這是民進黨太缺乏執政經驗以及變通能力所造成。

台灣實施總統制，因此在總統大選中獲勝的一方就任之後，可說就掌握一切權力。但政治畢竟還是必須協調，不能因爲說掌握政權，就由執政黨控制一切。總之，權力必須分配，執政黨也必須釋出相當權力給在野黨。比如，個人擔任總統時，民進黨財務困窘，連中央黨部的租金都付不出來，因此我推動修改法令，讓選舉得票率達到某門檻的政黨，可以獲得相當比例的補助金。由政府提供這方面的資金，制度建立，政黨運作就更加順暢了。

民進黨執政後，沒有致力「轉型正義」，本身在「不正義體制」中迷航，甚至腐化，以致在二〇〇八年失去政權。此一事實，後來也讓國民黨頑守「不正義體制」振振有詞，導致今天民主、自由與人權的明顯倒退。因此，下次獲得政權，民進黨務必要「以民爲主」，完成「轉型正義」，讓台灣的政治競爭步上民主正軌。

此外，成爲執政黨之後，面對在野黨，民進黨強硬卻應對無方，手足失措，結果導致國會對立更嚴重。朝野政黨關係惡化，台灣特殊的族群問題就跑出來了，本省人與外省人，也就是較早住在台灣的人民和戰後隨蔣介石一起來的族群之間，很遺憾地爆發了嚴重衝突。

這種族群矛盾在新政治體制與中國統戰搧風點火之下，進一步演變成國家認同的衝突，使得台灣民主發展從二〇〇〇年之後，陷入停滯。其結果是，國會混亂、空轉，重要法案幾乎都無法通過。這個僵局當然必須打破，而這就是目前台灣所面對的挑戰。

針對這個問題，爲了建立台灣的國家認同，我邀請多位學者與專家集中半年深入研究，於二〇〇三年出版《台灣二十一世紀國家總目標》這本書，提供政府施政參考。這是社會學所謂的「率先提案」。

危機結構的分析

如何解決問題？前提是必須先進行結構分析。若無法清楚了解台灣民主化停滯內部結構的問題，就不可能明確找到解決方法。

做法是，我們必須跳出來，隔開一定的距離之後再來反省台灣、觀察台灣，如此就能更清楚台灣存在的狀況。

我們不只叫做台灣，我們實質上更是一個國家，是一個擁有獨立主權的國家。但問題是，就法律面而言，我們眞的已經是如假包換的國家了嗎？這就是問題所在。不待言，正如我們之前在《台灣二十一世紀國家總目標》之中所指出的，台灣其實並不是正常的國家。因爲台灣本身沒有憲法，到現在還使用中華民國這樣的國號。所以，我們必須認眞檢討這個問題，深入探討台灣民主化停滯這項危機背後的根本結構。

與此同時，我們也要注意到，在全球化的時代，幾乎所有的國家都成了「不正常國家」。因爲在全球化之下，新的主權型態是互相穿透的，沒有一個國家的主權絕對不可侵犯。例如，在世界貿易組織之內，每個國家都要打開主權的壁壘；再如，近來的歐債危機，所有的歐盟國家（甚至非歐盟國家）都是連動的，希臘的退休年限影響到德國的退休年限，德國人民也必須付出代價，這能稱爲「正常國家」嗎？所以，台灣在追求「正常國家」的同時，面對全球化的「不完全主權」時代，要發揮行動的智慧才能超越挑戰。

現在，台灣能否存在受到非常大的威脅。受到威脅的時候，存在本身就是一種希望，而我一向認爲，就台灣而言，「存在的問題」是特別重要的。我一向重視「存在」與「時間」這個觀念，不論個人個別的存在，還是國家的存在，同樣都有最高的價值，所以我們每個人都必須抱持希望。但很可惜，今天的台灣我們每個人都逐漸失去存在、希望與價值。當存在陷入危機，我們就可能失去價值與希望，結果則是民心盡失，政黨支持率低落。

民進黨執政，在之後舉行的幾項選舉中持續落敗，其原因無非就是失去民心，支持率因此下降，進一步則導致台灣民主化無法推動，陷入停滯狀態。結果造成整個國家非常不安定，存在的危機更加嚴重。

一九七〇年代中期開始勃興的全球民主化風潮，二十世紀末期終於擴及台灣。我們在這股民主風潮推湧之下，順利成爲民主國家。過程中也有一些緊張與衝突，受到美國政治學者杭亭頓教授的注意。

杭亭頓教授認為，目前全球已有多達一百一十四個國家達成民主化，深入調查這些國家民眾的自由意識之後卻發現，其中三十七個國家只有部分自由，因此還是必須列入「不自由的國家」。在二十世紀已經結束的今天，之前所受第三波推動民主化風潮影響的結果，恐怕必須從不同的角度重新觀察。於是，杭亭頓教授分析每年湧進多達數十萬新移民的美國，發現這個國家的民眾持續失去國家的統一感，美國人的國家自我認同也產生了一些變化，他將分析的結果寫成《我們是誰？》（*Who are we?*）。杭亭頓教授的結論是，美國應回歸盎格魯・撒克遜以及新教的文化、傳統與價值觀。

杭亭頓教授在《我們是誰？》中，深入討論美國這個多民族國家該如何解決內部多民族矛盾、衝突的問題，台灣其實也面臨相同的狀況。

阻礙台灣民主化進展的威脅來自何處？根據杭亭頓教授的分析：

一、參與民主化過程的人開始反民主。完成民主化的人背叛了民主。也就是，在野黨掌握政權之後開始腐敗。

二、抱持反民主主義的政黨以及政治運動，可能選舉獲勝。這個保守政黨假如在選舉中獲勝，威脅就出現了。

三、行政部門濫用權力，包括民選首長一人集權，以行政命令進行統治，規避監督。

四、執政者剝奪人民的參政權與自由權。另外，獨裁資本的結構問題也會浮上檯面，台灣目前行政部門確實有這方面的問題。

總而言之，目前威脅台灣民主的狀況主要有上述四種。而杭亭頓教授指出，這四大問題其實也是目前一百多個國家當初成為民主國家時都遭遇過的。

不過，杭亭頓教授表示，如此結論仍嫌籠統，也就是各國仍必須視其具體狀況，檢討、找出威脅民主發展的根本原因。以下探討阻礙台灣進一步民主化的原因。

台灣雖然獲得一些民主化成果，但是就現況而言，顯然已經出現紛歧，尤其對未來更是充滿變數。因爲台灣有一個抱持反民主意識形態的政黨不顧多數台灣人民的反對和質疑，卻和中國親密地握手。這個政黨總是利用人民選擇的自由，操控意識形態。所幸，過去連續兩次總統大選，這些反動派在總統大選連續落敗，未能取得政權。但接下來的二〇〇八年總統大選這個黨派獲勝，致使台灣再度被抱持反民主意識形態的政黨控制。

我個人認爲，抱持這種想法的人在台灣最好愈來愈少。不過，他們在選舉過程中還是會發揮很大的影響力甚至獲勝，這點不容忽略。

台灣的主體性眼前已經遭遇嚴重威脅，因爲隔個海峽的中國一直企圖併吞台灣，這是非常大的問題。

我在之前撰寫的〈台灣海峽的和平與亞洲安全〉論文之中，清楚點出：「中國目前的國家政策就是併吞台灣，因爲在共產黨的立場，併吞台灣是非做不可的事，爲了追求國家統一，他們一定要這樣做。」中國更於二〇〇五年三月十四日制定「反分裂國家法」，作爲主張侵略台灣的正當性。其實台灣自古不屬於中國，台灣與現在的「中華人民共和國」更毫無關係，這一點台灣必須加強向國際社會說明，爭取國際社會的支持。

亞洲一些被認爲是「第三波民主化」的國家，執政者仍然保持「亞洲的價值」。所謂「亞洲的價值」（Asian Value），簡單講就是一種帝制的統治架構，掌握政權的人，可以假藉莫須有的理由，實施獨裁統治，把國家當作囊中物，只照顧自己的家族與個人，卻忘了國家整體利益。不論新加坡還是馬來西亞，都用反民主主義的亞洲價值觀統治國家，而北韓問題最爲嚴重。北韓不僅是共產國家，更稱不上是「亞洲價值」守護者，而是徹頭徹尾的非民主國家。

以中國而言，幾千年的皇帝專制制度，延續到現在的一黨專政，這種「亞洲的價值」有甚麼正面價值可言？但是，仍應該注意到，中國歷史早期——也就是先秦時代——有很多思想若予發展是可以跟民主、自由與人權接榫的。所謂的「天視自我民視，天聽自我民聽」，「民爲貴，社稷爲次，君爲輕」，都是具有文藝復興價值的部分，只不過現代的中國人似乎志不在此，依舊講「霸道」而不講「王道」，近年在釣魚台爭議、南海爭議方面，不僅中國政府，連中國人民都是民族主義掛帥，此時「亞洲的價值」反倒是亂源。

不過，我不會因此就認爲亞洲傳統一無是處。我常說「日本是一個能追求進步並且同時維護傳統的國家」，也就是，日本在持續追求技術與經濟發展的過程中，並沒有忽略維護傳統。東京財團的日下公人理事長對此提出以下解釋，他認爲主要是因爲「日本人堅持道德……道德是泥土，日本經濟發展唯有在道德這樣的泥土上面才能成長茁壯」。

我曾於二〇〇四年十二月二十七日到隔年一月二日拜訪日本，當時的沿途見聞後來發表在《Voice》月刊（二〇〇五年三月號），題目是「日本的印象——我的感傷之旅」。這篇文章之中，我特別指出日本人在追求進步與維護傳統的過程中，堅持保有國家的品格與格調。從百貨公司、旅館到新幹線所呈現的服務品質，我們就可清楚發現，日本人具備了很強的「蓄積的經驗」，完全沒有失去作爲日本特色的傳統。

二〇〇六年日本數學家藤原正彥出版《國家的品格》一書，受到非常大的好評。藤原先生在書中強調，「日本人所擁有而外國人沒有的東西是什麼？我想就是『情緒』與『形』！」。他並且指出，作爲日本特徵，也是我極度推崇的「武士道」這種日本精神，是以「情緒與形」作爲最重要支撐力量。日本人擁有和美國與西洋「合理主義」略有差異的精神內涵與思想。可以說，美國等西洋國家是在合理主義基礎之上建構社會統一的。反之，日本不僅擁有合理主義，更具備武士道精神，因此能保護傳統，連年輕人也能確實保持這樣的態度與原則。

正因爲能維護傳統，日本形成了強而有力的道德體系。然後在道德這種堅實土壤之上發展經濟，終於有二十世紀的蓬勃發展。

日本人堅持道德與傳統這樣的土壤，其實也是和國際化、全球化關係密切。

今天在全球化過程中，道德在兩方面造成很大的影響力，一種是國際媒體與溝通的層面，另一種是資金與資本方面。換言之，不論想法、思想還是資金的流動速度都愈來愈快，在全世界各地迅速攪動、傳播。而過程中最重要的就是必須有能受信賴的國家。就技術而言，所謂「可信賴的國家」，其實就是指「有道德體系的國家」。因此，不論國際溝通或資本的層面，信用都是最重要的，也就是道德是最被重視的。

我過去之所以撰寫《武士道解題》，和這組問題也有關連。主要是我認為，這組問題最關鍵的部分是傳統。就日本而言，就是關於情緒與形的維護。正如松尾芭蕉（一六四四—一六九四年）在《奧之細道》之中所展現的各種情緒，以及具有日本特色的美學觀念與思考，我想這就是日本精神特徵所在。

日本人似乎自古就深受儒教思想影響，但日本人的想法與精神內涵，事實上還是有些地方和儒教完全不同，例如生死的問題。儒教基本上不討論死亡這件事。反之，日本人比如山本常朝（一六五九—一七一〇年）寫的《葉隱》就指出：「所謂武士道，就是尋死之道。」這句話非常有名，意思是武士道認為死亡是武士道成立的前提；堅持這個前提才能講如何提高精神品德，發揮武士道。日本精神的最重要基礎不是儒教的禮儀與勇氣或忠義，而是武士道以及藤原先生所謂的「情緒與形」的內涵。

面對的問題

以下將就外在原因、內在原因分別說明：

外在原因：中國企圖併呑台灣的問題

導致台灣出現各種危機的主要因素，我想這些因素本身就是一組問題。所謂「主要因素」，就是目前正在發作的問題，而我們該如何解決這些問題呢？首先，讓我們了解台灣的各種問題，主要分爲兩大方面，一種是外在問題，一種是內在問題。

外在問題也就是國際問題，其中最關鍵的是中國企圖併呑台灣。中國爲了併呑台灣，長期以來不斷從軍事、經濟與政治各層面施加壓力，台灣如何對應，便是問題所在。比如，一九九五年我訪問美國康乃爾母校時，中國以進行軍事演習爲名，對台灣近海發射彈道飛彈。然後隔年也就是總統大選之際，又再度發射飛彈，對台灣造成軍事威脅。

對此，我們所做的反應是，在九六年總統選舉之際，我呼籲台灣選民，面對來自中國的這種外在威脅須注意兩件事情：一件是，他們所發射的飛彈沒有裝置會爆炸的彈頭，而是裝計測器，因此不必害怕。我還告訴大家，我們擁有十八套劇本，可充分因應對方的挑戰。

所謂的十八套劇本，就是在國家安全會議決議之下，行政院召開團結人民、追求民主的會議，從一九九五年到一九九六年召開多達八次。我們考慮到，遭受中國威脅時，可能發生的問題是民眾恐慌，進行擠兌。此時因應之道是，給予各銀行充分的存款準備金，讓銀行安心，民眾也不會擔憂。當時責成中央銀行提撥五百億元的存款準備金。其次，爲了避免股票市場受到干擾，設立二千億元的股市安定基金。第三，通知各國台灣航空安全區域，也就是所謂的「航空管制區」範圍，讓各國民航公司知道中共飛彈可能經過的區域範圍。第四是，糧食貯備問題，當時下令相關單位貯存七個月份米糧。軍方的因應問題方面，則要求軍方實施「固本計畫」，建立能隨時有效反應、解決問題的機制。

一九九〇到九六年之間，我們針對中國建立、掌握了非常重要的情報與訊息，所以我們了解，中國對台灣發動飛彈試射及軍事演習，都只是心理作戰，目的是造成心理威脅，而不會發動武力作戰。因此，我方不必慌張地動員大規模部隊進行反應，否則反而造成民眾不安，社會大亂。總之，我們清楚中國的軍事演習只是心理作戰，但我們還是做好萬全的準備，也就是在非常低調的情況下，我們有把握不論出現什麼狀況，都能加以解決。

針對個別問題，其實我們所擬定的劇本恐怕超過三十種。這些劇本我們都確實加以實行，因爲必須某種程度地向民眾報告因應措施爲何，所以，總統大選時我呼籲社會大眾「我們有十八套劇本，大家不用擔心！出來投票吧。」

從軍事、政治與經濟各層面判斷，中國想發動軍事戰爭併吞台灣的企圖，可以說漸漸已經變成不可能，因爲我們有萬全準備。所以，長期以來對台灣叫囂威嚇的中國，開始改採「胡蘿蔔策略」，全力拉攏台商、台灣媒體，以及統派反對黨，用盡各種方法企圖控制、影響台灣的經濟與政治。

中國的最終目的是，台灣總統大選由親中國的政黨獲勝。如此一來，中國就能控制台灣。如果中國能在一或兩天之內占領台灣，美國與日本來不及出手，中國就能對國際社會宣稱「這是國內戰爭，外國不可干預」。這就是中國的策略所在。

總之，台灣在軍事、政治與經濟方面，同時遭受中國嚴重威脅，我們必須有周全對策，讓中國了解武力攻打台灣不可能成功。只可惜，目前台灣執政當局在這方面完全沒有充分而有效的作爲。

九個內在原因

軍事自衛不足

另外，內在問題方面，從美國購買武器也是困難重重，過去民進黨政府編列軍事採購預算屢遭在野黨阻撓，連美國方面也漸漸失去耐心。

過去我曾用超過十年的時間，要求美國賣給台灣八艘潛水艇。二〇〇一年小布希取得政權的同時，立刻答應這項要求，但當時陳水扁政權卻反而默不吭聲。

之後國會一度準備通過相關軍事採購預算，但因爲看準民進黨二〇〇四年總統大選獲勝無望，加上中國背後扯後腿，結果這項預算遲遲未過關。

台灣眞要維護自身的存在，就必須靠自己保護自己的安全。台灣不可完全依賴日本與美國，否則美國人會說，「你們台灣人都不保護自己，我們爲什麼要犧牲自己的子弟保護你們」。而軍事上要自保，最重要的當然是必須購買足夠的武器。

過去曾發生一件有趣的事，那就是早期台灣從美國購得F16戰機時，當時日本社會黨主席土井多賀子特地來台灣拜訪，建議台灣不要購買戰機。爲此，我和她懇談兩小時，針對土井女士質疑「台灣爲何要製造戰機、購買戰機」，我的說明是：「爲了守護國家，這是總統的責任。自己的國家當然得自己保護，不是嗎？」

當時台灣擁有的戰機是F5E，後來又加上J型與G型，分別是Japan（日本）與Germany（德國）淘汰機種，美國卻把它推銷給台灣。我剛就任總統那段時間，F5E幾乎每週都有一架墜毀，我就得一一去慰問遺族。那種無奈的心情我跟土井主席講，並且問她：「閣下了解我這種心情嗎？保護人民與國家的戰鬥機駕駛員，每週死一個，如果你是台灣人，你會怎樣想？」、「但即使飛機老舊，我們還是得自己保護自己的國家。」經過這次對談，土井女士後來就不曾再來台灣了。

為了尋求軍事保護，確實必須購買足夠的武器。然而，現在台灣對外軍事採購幾乎被迫完全中止。比如，日本有四艘搭載神盾系統的艦艇，也就是所謂的「神盾艦」，可以保護日本不受彈道飛彈攻擊。神盾艦具有非常優越的對空戰鬥能力，堪稱是艦隊防空守護神，也是飛彈防衛方面最有效的「移動基地」。

但台灣只擁有愛國者飛彈基地，若要具備更充分的軍事自保能力，還是必須向美國購買神盾艦。只是，美國方面認為，太平洋艦隊要完全改變配備，得耗時八年，台灣若要使用神盾艦，也得等待八年。

國家自我認同的確立

第二大問題是國家認同，也就是所謂自我認同（Identification）的問題。針對這項問題，台灣人被詢問「你是哪裡的人」時，回答「我是台灣人」的，竟然只有五成多，過去最高也只有六成而已。不過，最近這項比例好像又減少了。相對的，如果有人問日本人「你是哪裡的人」，恐怕百分之百都會回答「我是日本人」。可見台灣人有嚴重的身分認同問題，甚至不太能夠確定自己是哪裡、哪個國家的人。

現在，在李登輝學校進行研修的台灣人，我特別要求他們必須好好認識台灣，加強對於「台灣」這個國家的自我認同。只是，這項工作要有良好成果，恐怕得再花點時間。

爲什麼？主要是台灣在建構一個國家這件事情上面，還有一些不足之處。那就是，台灣尚不具備明顯可稱之爲國家的架構。我在《台灣二十一世紀國家總目標》之中也指出，台灣最大的悲哀就是「國不成國」，也就是以台灣作爲主體的國家認同仍有待確立。

許多人說，台灣實質上早就是獨立的主權國家，但法理方面可能還有一些問題。也就是，目前的癥結在於，台灣的實際狀況沒辦法在法理上面反映出來，也就是國家形成方面，架構上還不充分。

我們該如何讓台灣人建立台灣的自我認同？我想最關鍵的做法是推動民主化。推動民主化過程中，最後的結果我想就是，居住在這個國家的民眾認同這個國家。也因此我在《台灣二十一世紀國家總目標》之中提到，應該透過制定新憲法的動作，確立台灣人對台灣這個國家的自我認同。

追求民主化過程中所產生的族群對立

台灣即使到現在，民主化過程中產生的族群對立問題仍持續不斷。這種對立也可稱之為以國會為中心的「民主內戰」。這種對抗的背後因素，包含族群對立、權力爭奪以及反民主勢力與民主勢力的意識形態之爭。日本早期也曾出現激烈的左翼與右翼對抗，台灣也很類似，目前仍持續有內部意識形態之爭。而這種對抗之所以愈演愈烈，可說主要原因就是包容力不夠，才使得問題惡化。

獨占資本主義

台灣目前獨占資本主義的問題相當嚴重，不論金融還是股票，以及國民黨執政時代國營企業、不當黨產的問題，都相當嚴重而且沒有好的解決方法。其結果是，獨占資本主義盛行，台灣所得分配不均、貧富懸殊問題更加惡化。

經濟空洞化

台灣目前投資中國的資金可能超過兩千八百億美元，占全球投資中國資金半數左右。換言之，台灣人每年所賺的錢之中，大約四%到五%被拿到中國投資。日本雖然也有許多人前往美國投資，但占國民所得比例只有〇．五%以下。台灣大規模投資中國，結果就造成台灣商業運作邏輯的中國化。

現在台灣出口到中國的產品，占外銷產品三七%，來自日本與美國的工業訂單幾乎都已經不在台灣製造，而是把工廠移到中國，從中國出貨。其結果是，台灣失業率愈來愈高，和我擔任總統時的失業率二．四%相較，現在竟已高達四．三%以上。

最近失業率似乎稍有下降，但這並不是因爲台灣產業蓬勃發展，而是政府推出救濟政策，每年用約二百億元的預算，讓失業者參與公共事業或服務，藉此降低失業率。總之，一方面大量資金流到中國，導致失業率提高，台灣政府還得投入資金解決這個問題。

行政效率低落

台灣在推動民主化過程中，出現行政效率低落的問題。爲什麼會出現行政效率低落的問題？有必要好好加以檢討，否則政府的行政功能將無法妥善發揮，難以推動國家的進步。這個問題簡單講就是，民進黨剛取得政權期間，把黨內人士或與該黨友好人士安插到政府重要職位，官僚菁英受到排擠或撤換，導致整個官僚系統爭功諉過、不願負責任。官員不願負責，行政效率當然降低，甚至造成貪污。然後，貪污又製造社會不公與民眾不滿。

台灣行政效率愈來愈低落，幾乎所有重大工程與計畫都籠罩貪污的陰影，這方面的問題恐怕今後還會一一爆發。

永續發展

對台灣而言，永續發展是非常重大的問題。爲什麼這個問題如此重要，簡單講就是，長期以來台灣過度開發土地，沒有做好環保工作，土壤流失，下大雨就出現嚴重土石流，然後還有土壤破壞的問題，環境品質非常惡劣，這些都對台灣永續發展有非常不良的影響。

前述國家自我認同的問題，最後也和永續發展關係密切。也就是，有國家認同的國民，按理說應該會保護環境，妥善規劃土地利用，做好永續經營的工作。

領導方式

台灣的國家領導型態過去偏重「亞洲價值型」，也就是實施皇帝型的領導方式，人民因此受到壓迫，如前述。類似皇帝的統治架構，掌握政權的人容易忘記「國家經營」這件大事，反而全力照顧自己的家族與個人權位，實施獨裁統治，這當然會造成很大的問題。

追根究柢，皇帝型領導方式並不適合作爲台灣的統治型態。台灣終究還是得走民主路線，政府領導人的領導方式當然必須符合民主政治。

相信人民

民主的眞諦就是人民做主，不是天縱英明的領導人做主。定期改選是選舉「人」，選舉由誰來做統治這個國家的代表。但是，選「人」不是民主的全部，人民選出一個領導人，並不是給他空白支票，隨便他爲所欲爲。

民主制度之下，除了「人」的選舉，還有「公共事務」。後者往往牽涉到不同的價值觀與利害衝突，妥善調解這種矛盾的最好辦法，當然不是由人民選出的「人」做唯一的仲裁，因爲他必然有其價值與利益傾向。相反的，最好的辦法是訴諸人民仲裁，也就是「公民投票」，唯有「公民投票」常態化，才能把目前台灣內部的衝突一一消弭，逐漸向共同的認同方向趨近。

以上就是目前台灣主要問題群。其中當然也包含外交問題、文化問題與科學技術問題，但最重要的還是強化民主，往正常國家邁進這件事最爲重要，也最迫切需要解決。

一個國家興衰最主要的要素就是，必須有強而有力的領導中心、明確的國家目標，以及國民對自己的國家有自我認同並且非常團結。這三項要素都非常重要。撰寫《世界強權的興衰》（*The Rise and Fall of the Great Powers*）一書的美國保羅·甘迺迪教授（Paul Kennedy），後來以尼克森爲題，寫了一本《領導人的條件》。同樣的，京都大學中西輝政教授以及東京都知事石原愼太郎也都有針對「國家領導人應扮演怎樣的角色」這個題材的著作，可見世界各國都重視國家領導人領導統馭能力的問題。

同樣的，我認爲台灣目前政府領導統馭也出了問題。簡單講就是，政府領導人必須站在現代且合理主義的角度，同時必須重視傳統，落實施政。

問題的解決

前面提到的各項問題，如何才能解決？我們必須找出解決台灣危機的方法，並且訂出優先順序。

參加第三次台灣李登輝學校研修團的伊藤英樹先生，在〈台灣的法律地位〉序言「台灣不只事實上，法律上也是主權獨立國家——喚起台灣人自我認同的緊急建言」文章之中，提出幾個主要問題。首先是，台灣今後何去何從？其次是，台灣憲法該修訂或重新制定？以及，台灣人如何提高自我認同等等，都有非常深入而精闢的看法。

就解決前述問題群的方法而言，伊藤先生的看法相當值得參考。

總言之，台灣雖然也希望日本政府協助台灣加入聯合國，但問題是，台灣本身沒有努力建構、形成一個國家。這是非常基本、重大的問題，台灣政府卻沒有認眞思考，如何讓台灣這個國家存在下去，如何保護這個國家生存。因此，如果此時我們要求日本等國家協助台灣加入聯合國，就會導致各國質疑。

針對「如何建構台灣的法律地位」這個問題，伊藤先生也提出了詳細的方案建議。結論有兩個，其中之一是「不必重新制憲，只要修改中華民國憲法即可」。

我擔任總統期間，曾進行過六次修憲工作，其中問題最大的是第四條領土權限的問題。中華民國憲法針對領土範圍這個問題，在第四條規定「中華民國領土，依其固有之疆域，非經國民大會之決議，不得變更之」，但這項規定其實需要修正。爲什麼？因爲這裡所謂的「固有疆域」並不包含台灣，但卻包含中國大陸與蒙古。

因爲是這樣奇怪的憲法，所以，我們一定要加以修改，讓它合乎台灣現狀。而且，台灣政府體制是要走內閣制還是總統制，也必須用修憲的方式加以解決。所有可能讓我們掉進陷阱、被中國併吞的憲法條文，都必須加以刪除。我擔任總統期間修憲多達六次，所以，我清楚了解，並不是完成修憲問題就完全解決。

因爲台灣目前還面臨一個巨大問題，那就是——到今天爲止我們都自稱爲

「中華民國」，那麼，是否可以改爲「台灣」？這也是伊藤先生論文重要結論之一。也就是，目前台灣不論事實上還是法律上，都已經擁有主權獨立國家的地位，所以，我們應進行修憲，讓憲法和「台灣化」的實際狀況不再乖離。我的想法是，要解決台灣面臨的各項危機，有許多事情必須做，其中最優先的應該是，鼓舞人民對這個國家的愛國心。爲了確立台灣人的自我認同，我們必須全力營造、形成國家，然後在形成國家的基礎之上，進一步推動民主化。

就此而言，我個人認爲，伊藤先生的思考可能還有研討之處，不過，如果台灣要擬定二十一世紀的國家目標，我想，這還是不錯的提案。

政局的調整

眼前要拯救台灣，只能靠二〇一六年的總統大選。日本許多重要人士也都非常關切台灣二〇一六年選舉的結果。就台灣現狀而言，二〇一六年的總統大選不可走極端路線，也就是必須走「公意路線」。從台灣目前的狀況看，這種可能性是相當高的。

前英國首相布萊爾提出「中間路線」，才壓制工會影響力，讓英國工黨起死回生。所以，我想台灣不妨參考修正這路線，或許這就是調整台灣政局、解決台灣內部問題的方法。

這個問題其實也和日本政黨自民黨有關。小泉純一郎擔任首相期間致力於調整日本派閥政治體制，這點也令我感到興趣。從田中角榮內閣以來，日本自民黨總裁與內閣總理大臣都擺脫不了派閥控制，但小泉擺脫這種派閥政治體制，這當然是日本政治改革的一大步。日本在修憲以及教育方面也有各種問題，但小泉首相成功打破派閥政治體制、擺脫派閥政治這件事，相信未來對日本整體還會造成非常大的影響。而所謂的打破派閥，就是「公意路線」的新形式。

台灣爲什麼會出現「公意路線」的可能性？主要原因是，不論民進黨還是國民黨，這幾年都持續產生政見僵化的傾向，因此，不論台灣未來應走的路還是政局調整方向，「公意路線」可說已經變成唯一的選擇。

在當前台灣，「公意路線」同時具有「多數人的意見」（公共意見）與「多數人的意志」（公共意志）的雙關意涵，非常符合以民主原則走向未來台灣的主權在民精神，這種實踐可以把二千三百萬人凝聚成一個眞正的「共同體」。

總之，我的結論是，台灣必須認眞思考，備妥方案，努力擺脫政治對立，創造安定政局。這是我目前最大的希望，也是最關心的事情。我更希望針對這個問題，不論台灣內部還是國際上，都有更多人加入討論。如此一來，我想台灣就能形成一個國家，而我們也要更努力大聲地說「我們是台灣人」。

結語

二十一世紀開始，就發生國際秩序與經濟的失調，又在資訊網路社會控制下，全球社會經歷前所未有的過程。第一章回顧二十世紀，人類經歷了科技的迅速發展、社會主義實驗，以及第三世界開始在人類的歷史登場。同時，台灣也經歷了民主、自由，脫離了殖民主義與白色恐怖的強權政治。

思考「我是誰？」

在此新時代的台灣人應開始對自我有所探討——「我是誰？」的問題。要明確的形成自我意識，就必須將周遭的事物以自我爲中心加以配置，同時也把他人配置在自我中心之內，如此，即是開始意識到他人和自己。所謂對他人意識自己，首先就要關心他人。自己也同時受制於他人。如何擺脫這種受制於他人的情況呢？雖然，可以不理會他人怎樣想，只要自己內心作出決定「我就是我」的自覺，自覺就是主體自我的確立。我——亦即主體的自我，已優先於一切而確實存在，也就是「我在」。

主體的自我確立時，與意識作用結合的思考方式，將純粹成爲精神上的主動作用，在此精神與物體清楚區別，免受支配物質界之因果控制，這種自由是精神的自由。換言之，主體的自我是與物質區別的自由精神，即精神與物質是相反的概念。

回頭來看，二十一世紀的台灣人，在這種特定的歷史性、社會性環境中，雖然受制約，但實存於這個世界，有選擇的自由，塑造自己的生活。不受這種制約，也不爲所囚，能完全自由行動。站在實存的立場時，所有的事物都不是本質先於存在，而是存在先於本質。我們在現實的世界中欲更具體定位實存的主體，使之發生作用，必須與既成之意識層次，例如習慣、秩序、學校、公所、街頭的標識等環境連結上關係。這不是意識主體之自我，也不是物質，而是我們的共同主觀，就是超越自我，認同台灣。

而這，我以爲可分兩個層次來看，一是哲學層次，一是政治經濟學層次。

哲學層次——價值的轉換與實踐

就哲學層次而言，我曾經提到：新時代的台灣人，應該要有哲學省思，並且積極予以實踐。從「我是不是我的我」爲出發點，每一個新時代的台灣人應該要從內在進行更新，以新的生命內涵實踐「一切價值的價值轉換」（die Umwertung aller Werte），形成全體性的精神揚升與文明創新。由此成全的新時代台灣人，不難基於自由意志、公民意識的結合，脫離被過去的虛構所束縛的狀態，對台灣這一塊民主實踐的土地產生堅定的認同。在這個新的基礎上，才能以民主消解殘存的族群矛盾，讓「反民主」的政客無法爲私利興風作浪，霸權的大中國主義的統戰也無法乘虛而入。

政治經濟學層次——自主與民主

就政治經濟學層次而言，又可以細分爲內、外兩個面向。對外來說，未來台灣必須一方面維持政治自主，一方面維持經濟自主，才能夠完整地作爲一個現代世界的主權國家。所謂經濟自主，在全球化時代只能是相對的，不會是絕對的；不過，這仍不能拿來合理化把台灣經濟聯結中國，甚至讓台灣淪爲中國的經濟殖民地。除了要避免台灣人民的經濟生活，遭到外部的經濟宰制國剝削，還要注意中國是唯一對台灣存有併吞意圖的國家。也因爲如此，未來台灣維持政治自主的主要對象，就是中國。台灣如何在全球化的規則下，像與其他國家一樣與中國正常經貿交往（其前提是台灣本身的產業健全、就業充分、成長共享），同時以實力與智慧捍衛政治自主，提防失去經濟自主從而失去政治自主的危險，是我們不可忽視的課題。

對外的問題是自主，對內的問題則是民主。就政治經濟學層次的對內面向來說，我認爲重點在於政治民主與經濟民主。政治民主基本上要確立：台灣人民擁有最終的權力，以確保自由、人權等價值尊嚴。近年的發展顯示，台灣的民主變成新威權主義，黨國機器不斷碾壓屬於人民的權力，導致各級議會尤其是立法院無法代表民意，壟斷行政權的主政者更是唯我獨尊，經常做出與民意對立的決策，用「以黨領政」的姿態交由同黨立法委員貫徹其意志。這說明，目前台灣的政治民主正面臨挑戰。很麻煩的是，在此同時台灣的經濟民主也未建立。政治上，台灣人民至少形式上是平等的，但在經濟上掌握資本者往往是個經濟獨裁者，除了公司治理問題叢生，勞動者所生產的利潤也總是被經濟獨裁者侵吞。大多數上市公司，少數股東剝奪了多數股東的權利，堪稱台灣經濟民主未上軌道的寫照。經濟民主一天未達到，掌握資本者便足以利用資本的影響力，以權錢交易的政商關係顛覆政治民主的運作。所以，政治民主與經濟民主，是台灣走向優質國家，必須自己解決的內部問題。

以上各種思考，目的是企圖改造新時代台灣人的心靈狀態。已經擁有自由的台灣人要擺脫再次失去自由的惡夢，不能只靠形式上的民主實踐。所謂的「維持現狀」，等於是無限期地延擱自己的內在求索，以閉鎖的心態在瞬息萬變的世界中隨意漂流。這絕非當家作主應有的認識，也是本書的目的。

國家圖書館出版品預行編目資料

二十一世紀臺灣要到哪裡去 / 李登輝著 . --
初版 . -- 臺北市 : 遠流 , 2013.06
面； 公分 . -- (綠蠹魚叢書 ; YLC76)
ISBN 978-957-32-7208-3 (平裝)

1. 臺灣政治 2. 臺灣經濟

573.07 102008586

綠蠹魚叢書 YLC76
二十一世紀台灣要到哪裡去
作者／李登輝
主編／吳家恆
校對／黃暐勝
編輯協力／郭昭君
封面設計／霍榮齡
出版五部總監／林建興

發行人／王榮文
出版發行／遠流出版事業股份有限公司
地址：臺北市南昌路二段 81 號 6 樓
電話：（02）2392-6899
傳真：（02）2392-6658
郵撥：0189456-1

著作權顧問／蕭雄淋律師
法律顧問／董安丹律師
排版／中原造像股份有限公司
2013 年 6 月 1 日　初版一刷
2013 年 7 月 1 日　初版三刷
行政院新聞局局版臺業字第 1295 號
新台幣售價 180 元（缺頁或破損的書，請寄回更換）

ISBN 978-957-32-7208-3

YLib.com 遠流博識網
http://www.ylib.com
E-mail: ylib @ yuanliou.ylib.com.tw